Benoît Franquebalme

W0266635

Dictionnaire éméché du cinéma

La tengo

Tous droits de reproduction, de traduction
et d'adaptation réservés pour tous pays

© Éditions La Tengo
18, rue Oberkampf, 75011 Paris
www.la-tengo.com

Direction artistique : Alison Périé

L'abus d'alcool est dangereux pour la santé.
Il doit être consommé avec modération.

Que vous soyez buveur ou sobre, difficile d'ignorer qu'alcool et septième art marchent main dans la main depuis plus de cent vingt ans. La boisson est un ingrédient consubstantiel aux histoires que nous racontent scénaristes, réalisateurs et acteurs comme elle l'est à l'histoire de l'humanité. Pour autant, ne croyez pas que ce dictionnaire est un encouragement à boire. Il est avant tout une invitation à voir ou revoir vos classiques... un verre à la main ou pas.

Benoît Franquebalme

Affiche

Mettre de l'alcool sur une affiche de film revient-il à inviter le spectateur à boire l'apéro avec ses vedettes préférées ? Esquisse de réponse avec nos posters chouchous.

FILMSONOR
INTERMONDIA FILMS
(Jean Paul GUIBERT)
JEAN GABIN
LE CLOCHARD
FERRACCI
AVEC
DARRY COWL
ET
BERNARD BLIER
DORA DOLL
JACQUELINE MAILLAN
PAUL FRANKEUR
NOËL ROQUEVERT
ET
JULIEN CARETTE
UN FILM DE
GILLES GRANGIER
D'APRÈS UNE IDÉE ORIGINALE DE
JEAN MONCORGÉ
SCÉNARIO DE
ALBERT VALENTIN
LOUIS PAGE A.F.C.
JACQUES COLOMBIER

COCINOR présente
FERNANDEL
DANS UN FILM DE
JEAN BOYER
LES VIGNES DU SEIGNEUR
ROBERT DE FLERS
FRANCIS DE CROISSET
JEAN BOYER · JEAN MANSE · SERGE VEBER
Dialogues additionnels de SERGE VEBER
avec PIERRE DUX
et SIMONE VALERE
EVELYNE DANDRY · JEANNE FUSIER-GIR · MICHEL GARLAND · MAG-AVRIL · LONA RITA
et BEATRICE BRETTY
CHARLES SUIN
WALTER RUPP
ROBERT GIORDANI
FRED FREED
R. SALVET
COCINOR

cocktails first. questions later.
swingers
a comedy by Doug Liman

An Apple Original Film
Bill Murray
Rashida Jones
On The Rocks
Written and Directed by Sofia Coppola
A24 tv+

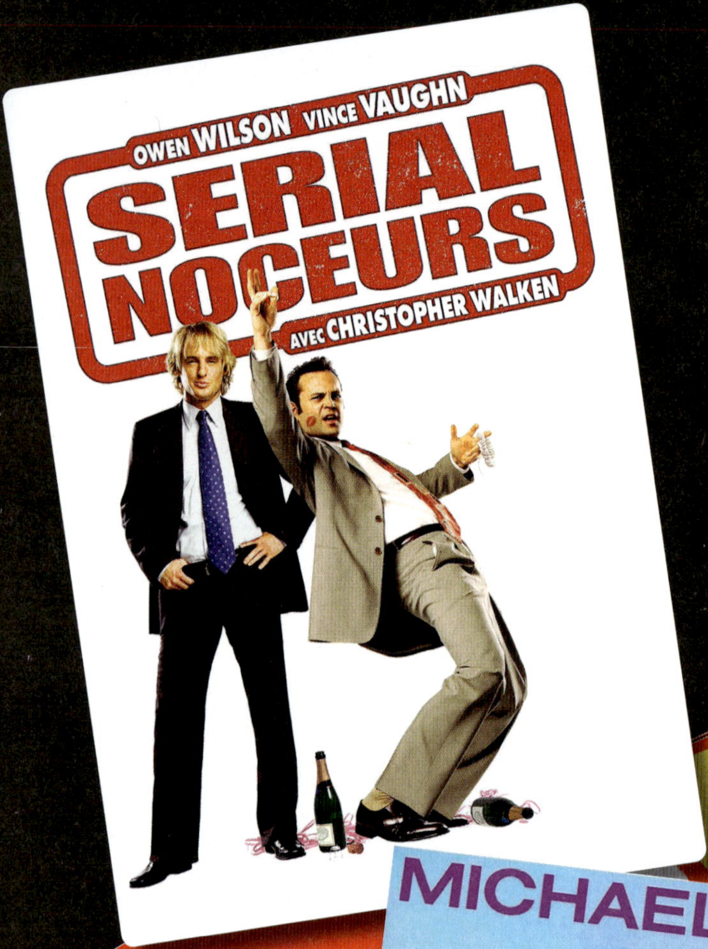
OWEN WILSON VINCE VAUGHN
SERIAL NOCEURS
AVEC CHRISTOPHER WALKEN

MICHAEL J. FOX
There's no such thing as an overnight success.
Brantley Foster took two weeks.
THE SECRET OF MY SUCCESS

UN FILM DE BLAKE EDWARDS
KIM BASINGER
BRUCE WILLIS
Rencontre de rêve ou Miss Catastrophe ?
Boire et Déboires

ELLES ONT TUÉ KATE MOSS DARLING !
Absolutely Fabulous
LE FILM

Alcoolique

« Un alcoolique, c'est quelqu'un que vous n'aimez pas et qui boit autant que vous. »

Coluche

Banderas, Antonio

Au début des années 1990, Antonio Banderas apparaît sous les feux des projecteurs aux États-Unis à la sortie du film documentaire *In Bed With Madonna*, dans lequel la chanteuse se dit prête à tout pour l'avoir. Francis Ford Coppola lui fait passer des essais pour son film *Dracula*. Antonio n'est pas choisi, mais est impressionné quand le metteur en scène l'emmène dans sa cave et lui dit, en lui montrant ses bouteilles : « *Ce sont mes livres.* » Quelques années plus tard, il imitera le « parrain de la vigne » : « *J'avoue que je suis venu dans le monde du vin sur le tard. J'ai bu mes premiers verres au cours des années 1980, presque par obligation. Ce n'était pas mon truc… J'ai vraiment découvert le vin par la suite, comme un plaisir tardif, lié à la terre et à ses processus de création, lié aussi aux traditions de notre culture méditerranéenne. Tout ce que je découvre provoque en moi une fascination alimentée par l'art, qui m'invite à mieux connaître cet univers. Je suis devenu tellement passionné que j'ai commencé à mûrir la possi-*

bilité d'intégrer ce monde, et je l'ai fait : j'ai acheté quatre hectares à Montsant, près de Tarragone en Espagne. [1] » Banderas parle très bien du vin, aime le travail aux champs et peut passer une après-midi entière à arracher des ceps de vigne. Seul hic, la critique. Le sommelier Michael Madrigale décrit son Ribera del Duero comme un « *vin à ne déguster qu'en cas d'extrême urgence* ».

Barrymore Pinot Grigio

C'est le nom de la cuvée lancée en 2012 par l'inoubliable petite fille d'*E.T.* qui raconte avoir commencé à boire dès l'âge de 9 ans.

1. Jose Ignacio Cuenca Losada, « Antonio Banderas, el bodeguero de Hollywood », *El Mundo*, 22 novembre 2009.

Beaujolais

« Jamais ! » Le comte Enguerrand de Montignac, dit « Legrain » (Jean Gabin), houspille Félicien Mézeray (Louis de Funès), qui vient de demander au serveur de faire « *chambrer le beaujolais* » pour accompagner leur civet de lièvre. Legrain s'insurge : « *À la température de la cave, voyons !* » Nous sommes en 1968, dans le film *Le Tatoué* (Denys de La Patellière), et les deux compères sirotent un gouleyant juliénas 1957, attablés dans le restaurant favori de Legrain. Le gueuleton ne fait pas assez dans la finesse pour le journal *Le Monde*, qui torpille « *une lourde comédie où Gabin et de Funès en font des tonnes* ». Avec le film *Le beaujolais nouveau est arrivé* (Jean-Luc Voulfow, 1978), les choses s'arrangent. Camadule

(Jean Carmet) convoie un camion chargé de bouteilles pour ravitailler des bistrots en panne du célèbre vin et *Le Monde* salue « *une surprise bien gaie, réalisée avec les éléments de la France éternelle* [2] ».

Belmondo, Jean-Paul

En 1966, l'acteur de *La Mer à boire* souhaite investir ses cachets. Il s'associe à quelques amis pour reprendre la maison Morey, connue à Beaune pour la qualité de ses crus, aloxe-corton ou meursault. « *Mais je n'étais pas du tout fait pour ça*, reconnaît Belmondo. *Ça n'a duré que trois ans. Ça ne s'est pas très bien terminé, nous nous sommes disputés avec les autres associés. Je crois qu'il faut faire ce pour quoi on est fait. Si vous vous imposez restaurateur alors que vous n'êtes pas dans le restaurant tout le temps, ça ne peut pas aller.* [...] *De plus, j'ai beau adorer le vin, je ne suis pas expert.* [...] *Depuis, j'ai toujours mis mes sous dans le spectacle, ce qui ne m'a pas trop mal réussi !* [3] »

---

2. Claire Devarrieux, « Cinéma "Le beaujolais nouveau est arrivé" de Jean-Luc Voulfow », *Le Monde*, 5 mai 1978.

3. Philippe Durant, *Belmondo*, Robert Laffont, 1992.

Bénin

Ce petit pays d'Afrique de l'Ouest a pour boisson nationale le sodabi, une liqueur obtenue en distillant du vin de palme. Mais ce n'est pas cela qui lui vaut d'être invité ici. En 1965, sort le septième film d'Yves Robert, *Les Copains*. Parmi les copains, outre Guy Bedos, Pierre Mondy et Claude Rich, on trouve Philippe Noiret qui joue le rôle d'un quidam nommé… Bénin, à l'origine d'un savoureux canular. Sur le chemin du retour vers Paris, pour les faire ressembler à du vin,

il teint en rose les eaux de la source de la Seine qui, comme chacun le sait, se trouve en Côte-d'Or. Visuellement, le gag est raté, car le film est tourné en noir et blanc. Mais c'est drôle. Dans le même long-métrage, Noiret relève avec brio un audacieux pari : au comptoir d'un bistrot, il boit consécutivement deux pichets d'un litre de vin. Tenancier dudit bistrot, Jean Lefebvre est, comme souvent, estomaqué.

Bienvenue chez les ch'tis

Du genièvre chez M. Mahieux, du pastis chez M. Vasseur, de la bière chez la vieille dame qui chante « Le P'tit Quinquin »… En 2008, les facteurs Antoine Bailleul (Dany Boon) et Philippe Abrams (Kad Merad) acceptent tous les apéritifs offerts par les habitants de Bergues (Nord), font pipi dans le canal de la Colme et finissent pourchassés par la police. Quinze ans plus tard, Kad Merad révèle les dessous de cette scène devenue culte : « *Le meilleur moyen de faire pipi très vite, c'est de boire des bières. Je crois qu'on a dû en boire chacun quatre ou cinq… On n'a pas fait attention, c'était de la bière un peu plus forte que la simple. C'était de la triple* […]. *À un moment donné, on est censé finir dans le dialogue et repartir sauf que moi, j'ai continué d'uriner pendant toute la scène. Je me suis uriné dessus, en fait* […]. *La scène est très réaliste parce qu'on est ivres et qu'on rit pour de vrai.* [4] »

Bière cannoise

En 1997, pour le dîner du cinquantenaire du Festival de Cannes, Emmanuelle Seigner surprend le sommelier en commandant une bière. Elle en boit une gorgée et repose son verre. Trois secondes plus tard, la bouteille roule sur la table et se répand sur le smoking de son voisin, Gilles Jacob, délégué général du festival. « *À en juger par son air ingénu, il n'est pas exclu qu'elle l'ait fait exprès* [5] », écrira celui-ci. Commentaire d'Emmanuelle : « *Roman* (Polanski, son mari – NDLA) *dit toujours que je suis insupportable. Est-ce que vous le croyez aussi ?* » Assis à côté, Gérard Jugnot et Michel Blanc lui resservent illico un verre. Grand seigneur, Jacob fait porter une caisse de bière à l'actrice le lendemain.

---

4. « 50' Inside », TF1, 25 février 2023.
5. Gilles Jacob, *La vie passera comme un rêve*, Robert Laffont, 2009.

Big Moustache

Pour *La Grande Vadrouille* (1966), le réalisateur Gérard Oury veut absolument engager le comédien britannique Terry-Thomas dans le rôle du parachutiste Sir Reginald Brook (alias « Big Moustache »), abattu par l'armée allemande au-dessus de Paris. Il finit par le convaincre grâce à un gros cachet. La perspective de tourner au cœur de prestigieux vignobles bourguignons pèse aussi dans la décision de Thomas. Au cours du tournage, il impressionne Oury par sa consommation de vin. « *Chaque fois que j'ai besoin de lui, les assistants savent où trouver "Big Moustache"*, raconte le metteur en scène. *Rubicond, l'œil brillant, la démarche pas très bien assurée, il émerge, un flacon de clos-vougeot ou de chambolle-musigny à la main.* » Il décide de tirer avantage de la situation et, dans *La Grande Vadrouille*, fait de lui « *un de ces Anglais toqués de la France parce qu'ils aiment son pinard*[6] ».

Bizarre

« Moi, j'ai dit "bizarre" ? Comme c'est bizarre… »

Dans *Drôle de drame* (Marcel Carné, 1937), Louis Jouvet s'étonne, devant Michel Simon avec qui il dîne d'un canard à l'orange arrosé d'un champagne Pommery. Selon Jacques Prévert, scénariste du film, il fallut aux deux acteurs trois canards pour tourner la scène ! Et combien de bouteilles ?

6. Gérard Oury, *Mémoires d'éléphant*, Olivier Orban, 1988.

Bond, James Bond

Tout au long de la saga *James Bond*, l'agent secret boit en moyenne 12 verres (whisky, champagne, vin, vodka martini…) par film. Daniel Craig a considérablement augmenté le rythme, puisqu'il tourne à 20 unités par apparition. Sean Connery boit deux fois moins (11). George Lazenby lève 9 fois le coude dans *Au service de Sa Majesté* (Peter Hunt, 1969), son unique interprétation du rôle. Roger Moore tourne aussi à 11 unités, quand Pierce Brosnan en atteint 12. Timothy Dalton est le plus sobre, avec 4 ou 5 verres seulement. Étrangement, les films qu'il a interprétés sont les plus mauvais de la franchise.

Bottle Shock

Signé Randall Miller, ce film sorti en 2008 relate « Le Jugement de Paris », évènement œnologique majeur survenu en 1976. Cette année-là, le marchand de vin britannique Steven Spurrier et l'Américaine Patricia Gallagher organisent une dégustation à l'aveugle dans les salons parisiens de l'hôtel InterContinental. Onze juges triés sur le volet y goûtent des nectars français et californiens. Contre toute attente, deux vins américains, un Château Montelena 1973 et un Stag's Leap Wine Cellars 1973, sont respectivement désignés meilleur blanc et meilleur rouge. Un camouflet pour l'industrie viticole française. Le rôle de Spurrier est interprété par Alan Rickman. Le marchand fustigera le film qui le présente comme froid et snob : « *Il y a à peine un mot de vrai dans le script et beaucoup, beaucoup de pures inventions en ce qui me concerne.* »

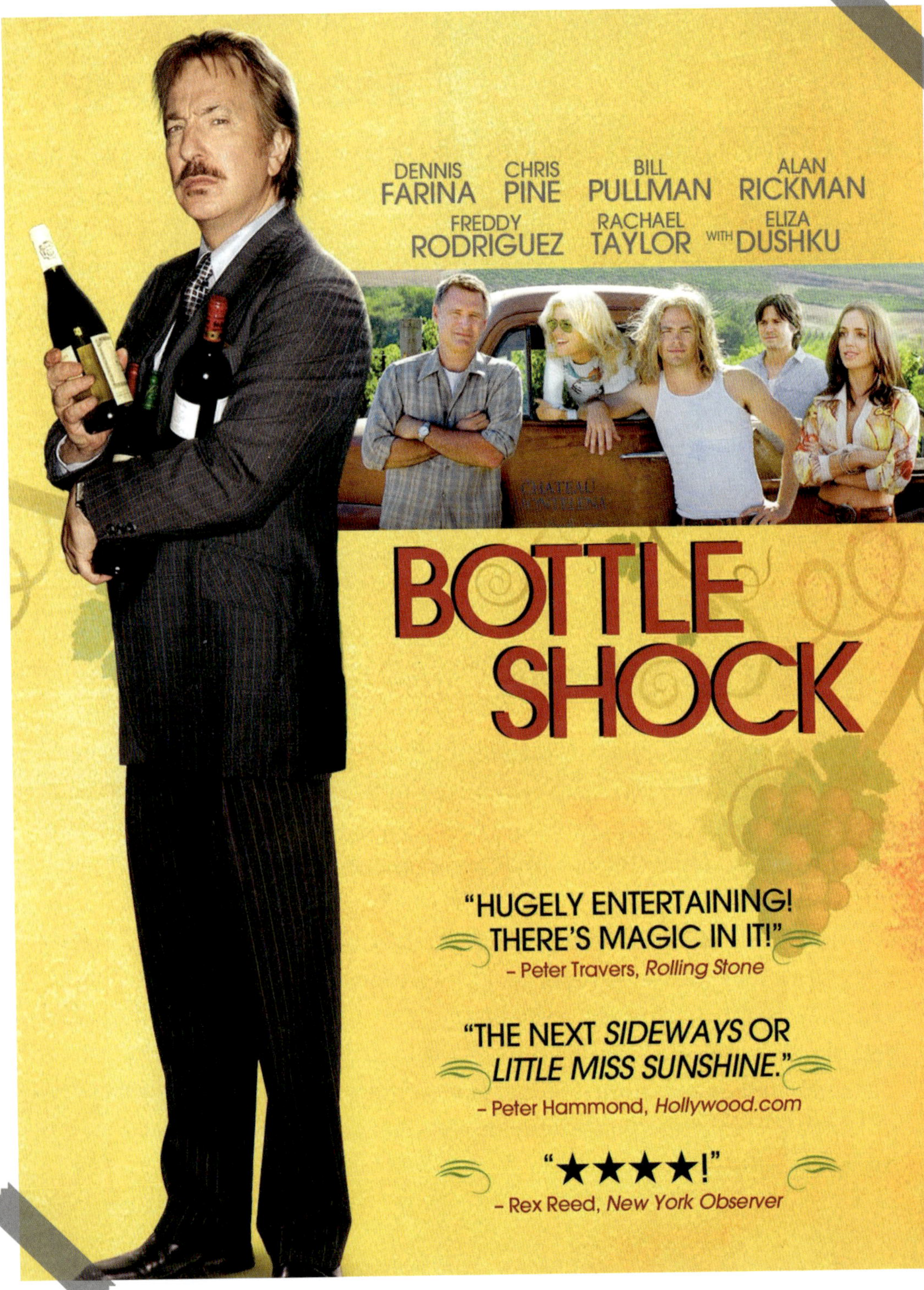
DENNIS FARINA
CHRIS PINE
BILL PULLMAN
ALAN RICKMAN
FREDDY RODRIGUEZ
RACHAEL TAYLOR
WITH ELIZA DUSHKU
BOTTLE SHOCK
"HUGELY ENTERTAINING! THERE'S MAGIC IN IT!"
– Peter Travers, Rolling Stone
"THE NEXT SIDEWAYS OR LITTLE MISS SUNSHINE."
– Peter Hammond, Hollywood.com
"★★★★!"
– Rex Reed, New York Observer

Bouquet, Carole

Et dire que, jusqu'à l'âge de 22 ans, l'actrice de *Feux rouges* détestait le jaja. «*Je n'aimais pas du tout boire du vin. J'étais à l'eau. Je n'avais bu jusqu'à présent aucun vin qui me procurait de la joie*, explique-t-elle à *La Revue du vin de France*, qui l'a sacrée «personnalité de l'année» en janvier 2023. *Un jour, dans un restaurant, j'ai bu un Château Haut-Brion. Ce jour-là, j'ai commencé à déguster et à chercher à travers le monde ce qu'il y avait de plus exquis.*» En vacances dans les années 1990, elle découvre l'île de Pantelleria, à mi-chemin entre la Sicile et la Tunisie. «*J'ai acheté ce terrain en cachette, juste histoire d'avoir un petit bout de terre en Italie et me sentir italienne. Puis j'ai continué avec les terres aux alentours, jusqu'à posséder huit hectares de vignes abandonnées.*»

Dès 2005, Carole Bouquet fabrique le Sangue d'Oro, «le sang d'or», construisant même son propre chai. Ce vignoble produit 5 000 bouteilles de 50 centilitres par an. C'est un «passito», un vin doux issu du cépage «muscat d'Alexandrie» ou «zibbido» (nom local signifiant «raisin à sécher»). Ses vignes poussent en terrasse, entourées de petits murs en pierres pour les protéger contre le vent (à Pantelleria, il souffle 321 jours par an). Le Sangue d'Oro se boit très frais, à l'apéritif, avec du fromage, du foie gras ou un dessert. Commentaire de la patronne : «*Le vin procure une légère ivresse dont j'ai besoin, et je ne suis pas sûre d'être la seule à en avoir besoin !*»

Brasseur, Pierre

Durant les années 1960, Simone Signoret et Yves Montand ont pour habitude, le week-end, de recevoir des amis artistes dans leur maison d'Autheuil-Authouillet (Eure). La soixantaine passée, partenaire de Simone dans *Les Amours célèbres*, Pierre Brasseur est souvent du nombre. Il a même droit à un petit privilège : une chambre jouxtant celle de ses hôtes. Pourquoi est-ce un privilège ? Parce que la chambre a l'avantage de se trouver au rez-de-chaussée. Immense acteur, Pierre porte bien son nom : il est un des plus fameux fêtards et buveurs du cinéma français. Grâce à la sollicitude du couple Signoret-Montand, il peut, quand vient l'heure de se coucher, passer du salon au lit sans prendre le risque de chuter sur une marche des escaliers.

À l'époque, Brasseur travaille peu, car le milieu du cinéma connaît sa réputation. En 1970, Jean-Paul Belmondo fait pression auprès de ses producteurs pour que Pierre soit engagé sur *Les Mariés de l'an II*, film de Jean-Paul Rappeneau, dont la star tient le premier rôle. Il débarque en Roumanie, où se tourne le film. Craignant que ses penchants éthyliques ne contaminent l'équipe de tournage, la production l'installe dans un hôtel à l'écart. « *Il était seul, délaissé, on l'évitait, c'était atroce*[7] », rapportera Belmondo. Son ami lui a promis d'être sobre pendant son séjour roumain, mais Bébel se méfie. Bakchich à l'appui, il interdit à la direction de son hôtel de lui servir la moindre goutte d'alcool. En dépit de cette abstinence, Brasseur est en grande forme et de fort belle humeur. Coiffé d'un immense chapeau à plumes, il a pour habitude de franchir la porte de son auberge, où beaucoup d'employés parlent français, en lançant

7. Philippe Durant, *Les Éléphants. Blier, Carmet, Marielle, Rochefort et les autres...*, Sonatine, 2012.

un tonitruant : « *Salut, bande de cons !* » Suspicieux, Belmondo visite un jour sa chambre. Il y découvre une bouteille de whisky trônant tranquillement sur une table et s'attire cette pique « brasseurienne » : « *Pauvre imbécile, j'ai payé le garçon d'étage plus cher que toi.* » N'aimant pas boire seul, Pierre débauche le comédien Sim, qui joue un comptable dans *Les Mariés de l'an II*. Quand sonnent 18 heures, Brasseur prend d'assaut le bar du studio où lui est servi un grand verre de bordeaux. Après l'avoir vidé d'un trait, il va chercher Sim. « *Il m'a plusieurs fois traîné par la peau du cou pour me jeter dans l'auto qui nous attendait chaque soir à la même heure* [8] », témoignera le futur pensionnaire des « Grosses Têtes ».

Breakfast tricolore

C'est le nom que donne Gérard Depardieu à un de ses petits-déjeuners favoris : un verre de rosé, un verre de blanc, un verre de rouge. Président du jury du Festival de Cannes en 1992, il avait pour habitude de débarquer, à l'aube après une nuit blanche, dans les cuisines de l'hôtel Le Majestic pour les réclamer. Hilare, bien sûr.

8. *Ibid.*

Bricout

«*Buvez le champagne des stars*»! En 1977, Bricout s'associe à la maison Koch dont le slogan était à une époque «*Le champagne des tsars*». La nouvelle entité a alors un éclair de génie : «*Et si on inversait les deux premières consonnes de "tsars"?*» Aussitôt dit, aussitôt fait, la marque se met à adresser des œillades au monde magique du cinéma. Trois ans plus tard, Alain Delon est convié à Avize (Marne) pour lancer la bien nommée «Cuvée Alain Delon». Costume noir et air concerné, l'acteur pose avec les dirigeants de Bricout dans les vignes du coin. À partir de là, c'est l'escalade. Alain l'offre à ses amis et la fait déguster lors des présentations de ses collections de vêtements «AD». En 1986, on retrouve de nouveau le Guépard à Avize pour la remise des Sceaux d'or Bricout aux meilleurs restaurateurs du pays. Un communiqué nous apprend qu'il «*illumina la manifestation de son charme et de son humour habituels*». À Paris, le café Procope devient le QG de la société et on y sabre les bouteilles à tout va. Ute Lemper y célèbre la fin du tournage de *L'Autrichienne*, tandis que Claude Brasseur y passe après les représentations du *Souper*. Bricout fait péter les bouchons tous les ans au Festival de Cannes et, en 1994, écoule 2 millions de bouteilles par an. Il est alors temps de passer au générique de fin. En 1998, le viticulteur Pierre Martin rachète l'entreprise. Cinq ans après, elle dépose son bilan, avec un passif estimé à 100 millions d'euros. En 2011, Martin sera reconnu coupable d'escroquerie, de banqueroute, d'abus de biens sociaux, de faux et d'usage de faux. Aujourd'hui, le champagne Bricout est seulement distribué en grandes surfaces. Si vous voyez Alain Delon pousser son chariot, ne lui en parlez surtout pas.

Bruit des glaçons (Le)

Ce film de Bertrand Blier sorti en 2010 fait de Jean Dujardin un écrivain alcoolique et dépressif nommé Charles Faulque. Il n'écrit plus depuis qu'il a eu le prix Goncourt et reçoit la visite impromptue de son cancer, joué par Albert Dupontel. Particularité de Charles, il se promène constamment avec un seau à glace sous le bras, généreusement chargé en bouteilles de vin blanc. « *Je voulais un écrivain à l'américaine : Hemingway*, expliquera Blier à *Télérama*. *Barbu, un peu enveloppé, habillé avec des chemises très années 1950… Puisqu'il visualisait son cancer, je voulais qu'il affiche son alcoolisme : d'où l'idée du seau à glace…* [9] » Et des dialogues qui vont avec : « *Faut pas trop qu'on m'emmerde quand j'me tape mon coup de blanc.* »

Bud

Matthew McConaughey aime tellement la bière Budweiser qu'il voulait prénommer son premier enfant « Bud ». Sa femme a dit non.

Cadeau des dieux

Eloise Kelly (Ava Gardner) est une veuve de guerre américaine portée sur la bouteille et amoureuse de Victor Marswell, chasseur exerçant au Kenya. Dans *Mogambo* (John Ford, 1953), Gardner trouve ici un rôle à sa (dé)mesure : « *Pour une personne dotée de mon naturel irrévérencieux, interpréter une aguicheuse impertinente à la langue un peu verte, qui siffle les hommes, boit le whisky au goulot et dit du vin :* "Peu importe l'année, peu importe la provenance, tous les vins révèlent le meilleur de moi-même", *c'était un véritable cadeau des dieux* », confirmera-t-elle dans ses *Mémoires*.

---

9. Pierre Murat, « Bertrand Blier : "Pour moi, il n'y a plus de cinéma" », *Télérama*, 28 août 2010.

Cafés mythiques du cinéma

TOP 10

1 Le Bar de la Marine dans *Marius* (Alexander Korda, 1931), *Fanny* (Marc Allégret, 1932) et *César* (Marcel Pagnol, 1936)

OK, les scènes censées se tenir dans le bar ont été tournées aux studios de Joinville-le-Pont (Val-de-Marne), loin du Vieux-Port de Marseille. Mais à coups de « *Tu me fends le cœur* » et de parties de cartes entre César, Escartefigue, M. Brun et Panisse, le lieu est devenu l'adresse de référence du septième art français. Et pour la dernière fois, voici la recette du Picon citron donnée par César à son fils Marius : 1/3 de curaçao, 1/3 de citron, 1/3 de Picon et 1/3 d'eau. Oui, ça fait quatre tiers.

2 Le relais routier d'Halibi dans *Cent mille dollars au soleil* (Henri Verneuil, 1964)

Halibi (Pierre Mirat), dit « le Sourdingue », a travaillé toute sa vie pour se payer ce boui-boui situé sur la route de Moussorah, dans le Sud marocain. Alors, voir Marec (Lino Ventura) et Steiner (Reginald Kernan) le démonter pièce par pièce à cause d'un petit malentendu entretenu par

Rocco (Jean-Paul Belmondo), franchement, ça fait de la peine. Comme le dit ce dernier, « *dans les endroits déserts, vaut mieux toujours être aimable. Ça coûte rien et ça économise les cartouches.* »

3 La Cantina de Chalmun dans *La Guerre des étoiles* (George Lucas, 1977)

Pour être honnête, on n'a jamais très bien compris ce qu'on servait au comptoir du troquet de Mos Eisley sur la planète Tatooine. On parle de lait bleu, de fruits fermentés ou de tatooni junko. Mais on vient surtout pour le groupe de musiciens extraterrestres qui balance un jazz inspiré de Benny Goodman et Duke Ellington.

4 Le Golden Horn dans *Barfly* (Barbet Schroeder, 1987)

Écrivain sans passé ni avenir, Henry Chinaski (Mickey Rourke) passe ses journées dans ce bar miteux à chercher l'inspiration au fond de ses verres de bourbon et à se bagarrer avec le serveur Eddie (Frank Stallone). Jusqu'au jour où il rencontre Wanda Wilcox (Faye Dunaway), alcoolique et fraîchement divorcée… Situé à Culver City (Californie), le Golden Horn s'appelait en réalité The Big Ed's. Il a été démoli à la fin des années 1980 en raison des dommages causés par un incendie, survenu peu après la sortie du film.

5 Le Cabaret normand dans *Un singe en hiver* (Henri Verneuil, 1962)

Le petit village de Villerville (Calvados) ne s'est toujours pas remis du passage de Gabriel Fouquet (Jean-Paul Belmondo) et Albert Quentin (Jean Gabin) au comptoir. Surtout du moment où Gabriel a adressé une gifle magistrale à Lucien Esnault (Paul Frankeur), patron du café dans le film : « *M. Esnault, si la connerie n'est pas remboursée par les assurances sociales, vous finirez sur la paille.* »

6 The Raven dans *Les Aventuriers de l'arche perdue* (Steven Spielberg, 1981)

« Nous n'avons pas soif. »

Quand le Sturmbannführer de la Gestapo Arnold Ernst Toht (Ronald Lacey) débarque dans ce coupe-gorge népalais tenu par Marion Ravenwood (Karen Allen), ce n'est en effet pas pour boire un coup, mais pour s'emparer du médaillon de Râ détenu par l'ex-petite amie d'Indiana Jones (Harrison Ford). Quelques minutes plus tard, celui-ci fracasse une bouteille de whisky sur le crâne d'un des sbires de Toht et met le feu au Raven. Cette scène d'anthologie a été tournée sur le plateau 2 des mythiques studios EMI-Elstree au nord de Londres.

7 Le Café du Progrès dans *Uranus* (Claude Berri, 1990)

Le bar-tabac de Maringues (Puy-de-Dôme) voit débarquer, durant l'été 1990, une escouade de vedettes (Gérard Depardieu, Daniel Prévost, Jean-Pierre Marielle, Michel Blanc…) pour jouer dans cette adaptation d'un roman de Marcel Aymé. Depardieu y est Léopold Lajeunesse, patron de l'établissement, amoureux de verres et de vers de poésie. Après le tournage, le café sera rebaptisé L'Uranus par ses propriétaires.

8 L'Auberge Pyrénées Cévennes dans *OSS 117 : Le Caire, nid d'espions* (Michel Hazanavicius, 2006)

« Comment est votre blanquette ?

– La blanquette est bonne. »

Dans ce restaurant situé au 106, rue de la Folie Méricourt, dans le XIe arrondissement à Paris, on dit aussi le plus grand bien du ramequin de harengs pommes à l'huile et du pot de brouilly. Il paraît que le lieu était une des adresses préférées de Jean Dujardin et de feu Claude Brosset, son supérieur au sein des services secrets.

9

Le Café des 2 Moulins dans *Le Fabuleux Destin d'Amélie Poulain* (Jean-Pierre Jeunet, 2001)

C'est au 15, rue Lepic (Paris XVIIIe) qu'officie Amélie Poulain (Audrey Tautou). Dans ce bar de Montmartre, la serveuse de 23 ans en pince pour Nino Quincampoix (Mathieu Kassovitz) et sert des bières à Joseph (Dominique Pinon), qui surveille son ex, Georgette (Isabelle Nanty), préposée au comptoir à tabac. Jean-Pierre Jeunet a eu du mal à convaincre Claude Labbé, propriétaire du café, de lui prêter ses murs. Il s'est vu imposer quelques conditions pour le tournage : pas le week-end ni aux heures de livraison, pas de câbles sur le trottoir ni de camions de production. Depuis, *Amélie* a réalisé 32 millions d'entrées dans le monde et les cars de touristes s'arrêtent systématiquement devant le bistrot montmartrois.

Le bistrot La Renaissance dans *Inglourious Basterds* (Quentin Tarantino, 2009)

10

« *Si vous cherchez désespérément une petite amie française, je vous suggère d'essayer Vichy.* »

Assise sur une banquette devant un verre de vin rouge, Shosanna Dreyfus (Mélanie Laurent) vient de mettre un vent au caporal allemand Frederick Zoller (Daniel Brühl), qui ne s'avoue pas vaincu. Ce marivaudage par temps d'occupation a été tourné au bistrot La Renaissance, 112, rue Championnet, Paris XVIIIe. Ses boiseries et vitraux fleuris avaient déjà séduit Claude Zidi (*Les Ripoux*, 1984), Claude Chabrol (*Le Sang des autres*, 1984) ou Volker Schlöndorff (*The Voyager*, 1991).

Campan, Bernard

Sa discrétion et sa réserve naturelles le camouflent, mais l'Agenais est un des acteurs français les plus associés à l'alcool. Il y a d'abord ses rôles de buveurs dans les sketchs (« Les Chasseurs », « Gag vidéo », « Le Bistro »…) et les films des Inconnus pendant des années. Il y a ensuite *Le Syndrome de l'Écossais* (2016), cette pièce de théâtre où son personnage disjoncte à cause d'un vieux whisky écossais. Il y a surtout ces trois films qui brillent dans sa carrière comme une bouteille trop bien astiquée.

Le premier, *La Face cachée* (2007), est sa première réalisation et son film le plus personnel. Il évoque l'alcoolisme de sa femme dont il interprète l'époux. « *Ce qui m'intéressait, c'était ce mystère qu'est l'alcool et qu'entretient si bien l'alcoolisme,* expliquera-t-il plus tard. *Ce que je voulais, c'est que chacun découvre à son rythme l'alcoolisme du personnage joué par Karin Viard, et ce qui est drôle, c'est que les gens vraiment concernés par le sujet, eux-mêmes ou par un tiers, découvraient les indices bien plus rapidement que les autres. Car il y a un déni, je l'ai vécu, on ne veut pas voir, on ne s'autorise pas à voir et même avec des évidences sous le nez – comme cette canette de bière découverte dans le piano –, on ne voit pas.* [10] »

Deux ans après, rebelote avec *Le Dernier pour la route* (Philippe Godeau, 2009). On le retrouve jouant Marc, modérateur des Alcooliques anonymes, tâchant d'aider Hervé (François Cluzet) à s'en sortir.

Troisième marche du podium, *La Dégustation*, pièce à succès d'Ivan Calbérac, adaptée en 2022 au cinéma. Bernard Campan y est Jacques, un caviste misanthrope, franchement porté sur le jaja malgré ses problèmes cardiaques. Son mantra : « *Quand la vie est un petit peu trop grise, ça fait du bien un petit coup de rouge.* » Alors faut-il s'inquiéter pour Bernard ? « *C'est vrai que j'aime bien boire et peut-être que ça se voit ! J'aime bien boire mon verre le soir, pour descendre en pression ; c'est une forme de dépendance mais je ne suis pas alcoolique, je ne suis pas atteint de cette maladie qui va m'entraîner au fond du trou.* [11] » Nous voilà rassurés.

---

10. François Julien, *VSD*, 30 septembre 2022.

11. *Ibid.*

Karin Viard
Bernard Campan
Jean-Hugues Anglade
la face cachée
Un film de Bernard Campan
Scénario, adaptation et dialogue de Bernard Campan
Un film produit par Philippe Godeau et Jaco Van Dormael

FRANÇOIS CLUZET
LE DERNIER POUR LA ROUTE
UN FILM DE PHILIPPE GODEAU

ISABELLE CARRÉ
BERNARD CAMPAN
LA DÉGUSTATION
UN FILM DE IVAN CALBÉRAC
MOUNIR AMAMRA ÉRIC VIELLARD OLIVIER CLAVERIE GENEVIÈVE MNICH
SCÉNARIO ET DIALOGUES IVAN CALBÉRAC D'APRÈS LA PIÈCE DE THÉÂTRE ÉPONYME
LE 31 AOÛT

Canadel

Depuis l'été 2021, George Clooney et son épouse Amal sont les heureux propriétaires du domaine du Canadel à Brignoles (Var), à 22 kilomètres du copain Brad Pitt et de son rosé de Miraval. Acquise 8 millions d'euros, la belle bastide trône au milieu d'un domaine de 170 hectares dont 4 de vignes. Ils font partie de l'AOC coteaux-varois-en-provence et sont plantés exclusivement de cépage rolle. L'œnologue du domaine est Laurence Berlemont qui a officié à Miraval pendant presque vingt ans : «*Je suis la fermière de George. Les raisins produits, c'est moi qui les exploite.*[12] »

Cantine

«*Les mauvaises cantines font de mauvais films.*» Roi des gourmets et amateur éclairé de vin, Claude Chabrol avait, d'une formule, théorisé l'aspect névralgique de la pause-déjeuner cinématographique. Sur ses tournages, le réalisateur des *Noces rouges* sifflait le début de la récréation à midi pile et l'entamait invariablement d'un ballon de condrieu blanc, avant sa crème glacée quotidienne. Généreux et fin tacticien, il savait comment cajoler la presse, comme le raconte Jean-Pierre Cassel qui a participé au tournage de *La Rupture* (1970) : « *Chabrol s'était arrangé pour que la cantine soit tenue par un chef de ses amis* (Michel Rostang – NDLA), écrit Cassel. *C'était absolument délicieux. Tous les jours, les journalistes étaient invités à venir partager nos repas à la cantine trois étoiles. C'était rusé ! Le film eut grâce à cela une énorme couverture.*[13] »

---

12. Ambre Mingaz, « Qui est Laurence Berlemont, cette Varoise consultée par les stars et businessmen français et étrangers pour leurs vignobles ? », *Var-matin*, 1er octobre 2021.

13. Jean-Pierre Cassel, *À mes amours*, Stock, 2004.

Durant les années 1970, sur les plateaux, chacun avait droit à sa demi-bouteille de vin à tous les repas. L'accord avait été négocié par les syndicats de techniciens et de comédiens. La Convention collective nationale des techniciens de la production cinématographique du 1er août 1960 stipule que « *les repas servis par les soins du producteur – qu'ils soient pris au restaurant ou sur place – doivent être composés pour chacun d'une demi-bouteille de vin* [...]. *De même, le producteur aura la faculté de faire apporter les casse-croûte (avec boisson) sur les lieux de travail.* » Cette convention a été révisée en 2012. Dans la nouvelle version ne figure aucune mention de vin ou d'alcool. Aujourd'hui, dans le livret remis aux professionnels par le Comité central d'hygiène, de sécurité et des conditions de travail de la production cinématographique, les coordonnées de l'organisme Alcool info service figurent en bonne place (0 980 980 930). Il est précisé que « *des tests de dépistage d'alcool et de drogues peuvent être réalisés s'ils sont prévus dans le règlement intérieur pour s'assurer que le salarié ne met en danger ni sa santé ni celle de ses collègues* ». Un autre conseil est délivré : « *En cas de forte chaleur ou de froid intense : je ne bois pas d'alcool.* »

Carmet, Jean

« *Un bon coup de vin bien frais, c'est bon quand il fait chaud. Un bon coup de vin chaud, c'est bon quand il fait froid. Une bonne bouteille de vin, c'est bon à partager avec un ami. C'est une façon de communier avec la vie.*[14] » Fils d'un viticulteur de Bourgueil (Indre-et-Loire), Jean Carmet avait l'habitude, enfant, de garder dans son cartable une gourde de vin coupé à l'eau. En grandissant, il change la gourde en bouteille et enlève l'eau. À

14. Philippe Durant, *La Bande à Gabin. Blier, Audiard et les autres...*, Sonatine, 2009.

partir des années 1970, le comédien de *Cigarettes, Whisky et P'tites Pépées* trouve un camarade de classe assoiffé nommé Gérard Depardieu. Inséparables, ils fréquentent ensemble les bonnes tables et les bonnes caves. Un soir, ils dînent au Vivarois, restaurant du XVIe arrondissement de Paris. Après force vins et digestifs, Gérard propose à Jean de le raccompagner à moto. Ils montent difficilement sur la selle et, d'un coup de pied, Depardieu retire la béquille. Tombés tous les deux sur le trottoir, ils y restent pour dormir, Jean le pied coincé sous le pot d'échappement.
Carmet est un joyeux luron mais peut avoir le raisin sourcilleux. Il vient un jour voir son amie Gilberte Goscinny (la veuve de René, l'un des papas d'Astérix) dans sa maison de Saint-Étienne-du-Grès (Bouches-du-Rhône). Amoureux des vins du domaine de Trévallon, qui jouxte la propriété, il demande à Gilberte de lui en vendre une caisse. Devant son refus, il se vexe et reprend aussitôt le train pour Paris ! Il finira par acheter un domaine chez lui, à Bourgueil, qui a été repris par ses deux fils. Jean Carmet, c'est finalement son ami, le scénariste Jean-Claude Carrière, qui en parlait le mieux : « *À Peter Brook* (metteur en scène de théâtre – NDLA) *qui, au cours d'un déjeuner, lui proposait de l'eau, il répondit poliment :* "Merci, j'en ai eu hier." »

Carrière, Jean-Claude

Le regretté scénariste a grandi, comme en témoigne son autobiographie *Le Vin bourru* (Plon, 2000), dans les vapeurs de rouge. Mais il doit davantage au raisin qu'une enfance heureuse. Il lui doit sa carrière. En 1963, le producteur Serge Silberman l'envoie rencontrer Luis Buñuel à l'hôtel Montfleury de Cannes. La première question du réalisateur espagnol est très simple : « *Buvez-vous du vin ?* » Jean-Claude Carrière est heureux de lui apprendre qu'il vient d'une famille de vignerons. Ravi, Buñuel commande illico deux bouteilles de rouge. Des années après, il avouera à son futur collaborateur : « *Au moins, si nous ne nous étions pas entendus sur le scénario, nous aurions su de quoi parler.* » Ils s'entendront très bien et Carrière écrira sept films pour le maître espagnol : *Belle de jour, La Voie lactée, Cet obscur objet du désir*... Plus tard, il témoignera qu'« *avec lui, même l'apéritif était un travail* ».

Cave à film

Apocalypse merlot, Into the Wine, Les Blancs de la mer, Trinquons sous la pluie, Pour une poignée de raisins, Rouge mécanique, Le Grand Blond avec un raisin noir, Un Indien dans la vigne, Les Vins modernes, Ti-Tannique… Depuis 2019, les Bordelais Marie Ballon et Baptiste Bauduin Lauben, producteurs de courts et longs-métrages de fiction et documentaires, développent, avec leur société Cave à film, des cuvées dédiées au cinéma. Marie a de qui tenir puisqu'elle est la nièce de Hubert Lavaud, propriétaire de 100 hectares et huit châteaux du Bordelais. Sur l'étiquette, la description du vin est faite sous la forme d'un synopsis de film. Ti-Tannique ? « *Une épopée romantique* ». Apocalypse merlot ? « *Sa mission secrète est simple : rentrer en guerre avec les tannins qui sévissent dans le merlot noir et le cabernet sauvignon.* » La gamme existe en trois couleurs.

Ce qui nous lie

Ce long-métrage de Cédric Klapisch, sorti en 2017, conte l'histoire de deux frères et d'une sœur bourguignons gérant le domaine viticole de leur père après sa mort. L'idée du scénario est venue au réalisateur quand il s'est souvenu des tournées œnologiques effectuées en famille durant son adolescence. «*J'ai connu le vin par mon père – qui ne boit pratiquement que du bourgogne. Quand j'ai commencé à boire (vers 17, 18 ans) il me faisait goûter ses vins. C'est grâce à lui que j'ai eu cet apprentissage. Jusqu'à il y a peu de temps il nous emmenait en Bourgogne mes sœurs et moi faire des dégustations dans des caves. C'était une sorte de rituel, une fois tous les deux ans à peu près... Quand j'avais 23 ans et que je faisais mes études à New York, j'ai été serveur dans un restaurant français. On devait être une quinzaine de serveurs et j'étais le seul qui savait conseiller un vin. Les serveurs américains me demandaient :* “Mais comment tu arrives à faire la différence entre un côte-du-rhône et un bordeaux ?” *Je me suis rendu compte à ce moment-là que le vin était une culture...* [15]»

Certains l'aiment chaud

Sur le tournage du classique de Billy Wilder en 1958, Tony Curtis, partenaire de Marilyn Monroe, est intrigué par sa consommation frénétique de café. À intervalles très réguliers, elle appelle son assistante, May, pour qu'elle

15. Dossier de presse *Ce qui nous lie*, « Entretien avec Cédric Klapisch », 2017.

lui amène un thermos rouge. Marilyn en boit quelques gorgées, puis May reprend l'objet. Facétieux, Curtis demande à un collaborateur d'inspecter le thermos. Il contient en fait du vermouth. « *Pourquoi avait-elle ainsi besoin d'éléments extérieurs – alcool, médicaments – pour que les choses fonctionnent ?* [16] », se demande Tony dans un livre qu'il a consacré au film culte. Il l'ignore mais leur partenaire, Jack Lemmon, a sa petite idée sur les pauses très prolongées que Marilyn prenait dans sa loge : « *Je crois qu'elle s'enfilait un peu de vin, et tout le reste, quand elle était assise là-dedans.* » Le plus curieux est que la scène de *Certains l'aiment chaud* qui donna le plus de fil à retordre à la star implique de l'alcool. À la fin de sa chanson « Runnin' Wild » – entonnée lors d'une répétition de l'orchestre de jazz féminin dont elle fait partie à bord du train Chicago-Miami – elle laisse tomber par inadvertance sa fiole de tord-boyau. Elle doit alors baisser les yeux sur le récipient puis jeter un regard coupable à ses collègues musiciens. Pour une pro comme elle, cela semble très simple. Elle n'y arrivera jamais et, après de nombreuses prises, Billy Wilder renoncera à le lui demander.

« Cette fête est vraiment morte »

Constat dressé par le remarquablement stupide Lloyd Christmas (Jim Carrey) dans *Dumb and Dumber* (Peter et Bobby Farrelly, 1994). Et pour cause : invité d'une soirée chic, il a tué le hibou grand-duc qui en était le clou en débouchant une bouteille de champagne.

16. Tony Curtis et Mark A. Vieira, *Certains l'aiment chaud ! Et Marylin*, Serpent à plumes, 2010.

Champagne

Si on vous dit que le cinéma est né au fond d'une bouteille de champagne, on n'exagère pas. Le 28 décembre 1895, Auguste et Louis Lumière organisent la toute première projection publique de l'histoire dans le salon indien du Grand Café (14, boulevard des Capucines à Paris). Quelques mois plus tard, ils tournent à Épernay (Marne) un long-métrage consacré au champagne Moët & Chandon intitulé *De la vigne au tonneau.* En 1899, c'est la maison Mercier qui commande aux frères Lumière une autre réalisation publicitaire destinée à vanter les mérites de leur champagne pendant l'Exposition universelle de Paris. Près de 4 millions de visiteurs assistent à la projection du film. Depuis, les noces des bulles et de la pellicule n'ont jamais cessé, comme en témoigne le récent *Champagne !* (Nicolas Vanier, 2022). Même les aliens partagent flûtes et coupes dans *Star Wars, épisode VIII : Les derniers Jedi* (Rian Johnson, 2017) ! Mais le mieux est encore de laisser parler Gabriel Leroux, commissaire de l'exposition « Champagne, la star du septième art » présentée à l'Union des maisons de Champagne, à Reims, lors des journées européennes du patrimoine 2021.

© Nicolas Reyboubet, La Soifothèque

Champagne et cinéma, c'est une vieille histoire d'amour ?
Oui, le cinéma comme média naît en 1895 avec les frères Lumière qui travaillent très rapidement avec les maisons de champagne. On peut même affirmer que les premiers décors de l'histoire du cinéma ont été conçus pour en filmer. À Épernay, comme les caves Mercier manquaient de lumière naturelle, les frères Lumière ont demandé aux ouvrières de se laisser filmer à l'extérieur devant des teintures représentant les caves.

Quelles sont les grandes thématiques associées à ce breuvage ?
Les plus classiques ! Éros et Thanatos : l'amour et la mort. Profiter du bruit d'un bouchon qui éclate pour tuer quelqu'un, c'est un grand classique du septième art. C'est par exemple le cas avec la scène inaugurale d'*Indiana Jones et le temple maudit* (Steven Spielberg, 1984). Le côté phallique de la bouteille de champagne a aussi été surexploité. Cela a commencé dès 1925 avec *La Veuve joyeuse* d'Erich von Stroheim. Le champagne y coule à flots et la légende dit qu'il fut tourné avec de vraies prostituées. Beaucoup plus récemment, en 2020, dans *Aline* (biopic romancé de Céline Dion réalisé par Valérie Lemercier – NDLA), on peut apercevoir l'héroïne, Aline Dieu, tremper son croissant dans une coupette de la marque Deutz, le lendemain du jour où elle perd sa virginité. La cuvée en question est nommée Amour.
Lors de l'avant-première du film à Reims, Fabrice Rosset, président de la Maison Deutz, était présent. Mais le champagne peut aussi véhiculer un message politique. Dans une scène d'*Au revoir là-haut* (Albert Dupontel, 2017), des personnages portant des masques de Georges Clemenceau et du Kaiser sont visés par des bouchons qui fusent et font tomber leurs masques.

Malgré tout, n'est-ce pas une fascination plus américaine que française ?
C'est vrai que les quatre adaptations américaines de *Gatsby le Magnifique* (roman de Francis Scott Fitzgerald – NDLA), donnent au champagne un rôle crucial. Il est présent dans toutes les scènes de fête et elles sont nombreuses. Chez nous, on aime cet alcool, mais il ne fascine pas. À partir des années 1930, le « champagne populaire » trouve quand même sa place dans le cinéma français. On en boit à l'occasion d'événements conviviaux (repas, mariages, baptêmes...), mais qui n'ont rien d'exceptionnels, quel que soit le milieu social. C'est un champagne du

quotidien. Il a un côté plus discret, plus républicain et moins glamour qu'aux États-Unis. Durant *Loulou* (Maurice Pialat, 1980), Gérard Depardieu et Isabelle Huppert le débouchent pour célébrer un simple anniversaire. Dans *La Belle Équipe* (Julien Duvivier, 1936), on parle de « *roteuse* ». Dans *Le Crime de monsieur Lange* (Jean Renoir, 1936), une reprise d'usine est fêtée au champagne. À l'époque, Claudette Colbert est qualifiée par la presse d'« *actrice effervescente* », et Danielle Darrieux d'« *actrice champagne* ».

Les bulles sont souvent associées au cinéma comique, non ?

Le gag du saut inopiné de bouchon apparaît dès le premier dessin animé du dessinateur et réalisateur français Émile Cohl, en 1908. Dans *Charlot s'évade* (1917), lorsqu'un maître d'hôtel débouche une bouteille de champagne, Charlot, croyant à la détonation d'un pistolet, sursaute et lève les bras au ciel. *L'Hôtel de la plage* (Michel Lang, 1978) montre des enfants buvant du champagne pour désobéir à leurs parents. Au cours du *Retour du Grand Blond* (Yves Robert, 1974), Pierre Richard neutralise avec un bouchon, sans s'en apercevoir, un tueur qui s'apprête à l'éliminer. Dans *Mon beau-père et moi* (Jay Roach, 2000), Ben Stiller renverse l'urne funéraire de la grand-mère de sa femme en laissant s'échapper un bouchon. Dans *Cruella* (Craig Gillespie, 2021), la baronne von Hellman (Emma Thompson), agacée par un serveur de restaurant qui peine à déboucher une bouteille, se saisit du flacon et vise volontairement son œil avec le bouchon. Cruella (Emma Stone) détruit carrément une fontaine de champagne en se servant une coupe située à sa base. La liste est sans fin.

« Il y a quelques jours, j'ai dormi sous un pont ; et aujourd'hui je suis ici, sur le plus grand navire du monde, à boire du champagne en si bonne compagnie. »

Leonardo DiCaprio dans *Titanic* (James Cameron, 1997)

« Pourquoi les gens attendent-ils tous d'une vedette qu'elle préfère les soirées au champagne à un week-end en famille ? »

Kevin Costner

« D'après mes lectures, je m'imaginais que le champagne était rude et sec, mais c'est délicat. »

Greta Garbo dans *Ninotchka* (Ernst Lubitsch, 1939)

« Le champagne donne l'impression que c'est dimanche et que les jours meilleurs sont à nos portes. »

Marlene Dietrich

« Prenez un peu de champagne, ça rapproche très bien les extrêmes. Et pour lancer une amitié, c'est comme pour un navire, une nécessité ! »

David Niven à Claudia Cardinale dans *La Panthère rose* (Blake Edwards, 1963)

Chartrousse

« La seule liqueur si bonne qu'elle a donné son nom à une couleur. »
Barman du Güero's Taco Bar à Austin (Texas), Warren (joué par Quentin Tarantino) aime régaler ses clients de shots bien corsés, préalablement frappés sur la table. En 2007, avec son film *Boulevard de la mort*, le réalisateur rend hommage à cet alcool isérois très apprécié des mixologues américains. En anglais, le mot « chartreuse » caractérise une couleur jaune-vert vif. À l'écran, Quentin a le plus grand mal à le prononcer et dit « *chartrousse* ». Après le succès de *Boulevard de la mort*, les ventes de cet élixir vert bondissent provisoirement outre-Atlantique. Deux ans plus tard, Tarantino célèbre à nouveau la liqueur en plaçant une vieille bouteille derrière le sergent Wilhelm (Gedeon Burkhard) lors d'une scène d'*Inglourious Basterds*.

Château Haut-Brion

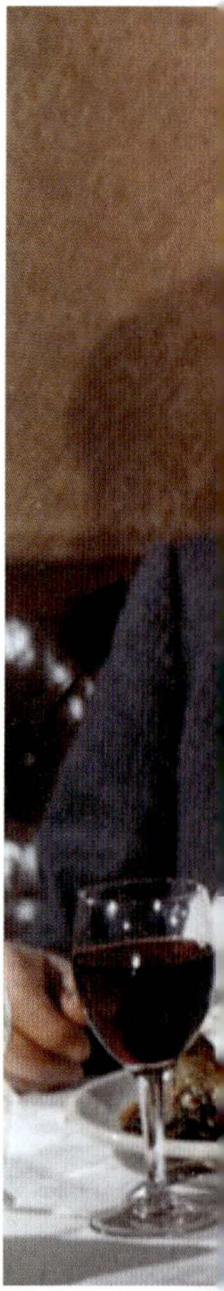

« Oh, des chopines ! Des chopines de vinasse ! »
Dans *Les Visiteurs II* (Jean-Marie Poiré, 1998), Jacquouille la Fripouille (Christian Clavier) et Godefroy Amaury de Malefête, comte de Montmirail, d'Apremont et de Papincourt, dit « le Hardi » (Jean Reno) ravagent la cave de l'hôtel du château de Montmirail tenu par Jacques-Henri Jacquart (Christian Clavier bis). Jacquouille brise le col de bouteilles de Haut-Brion avant de se les enfiler cul sec puis de saluer le personnel : « *À votre bonne santé, les gueux !* » Pour info, un Château Haut-Brion premier grand cru classé peut coûter jusqu'à 2 600 euros la bouteille.
C'est okay !

« Manger des tripes sans cidre, c'est aller à Dieppe sans voir la mer. »

Jean Gabin s'adressant à Louis de Funès dans *Le Tatoué* (Denys de La Patellière, 1968)

Claude et Jean-Marie

Sacré Clovis ! Dans *Les Cousins* (1959), Claude Chabrol met en scène ce personnage truculent qui anime les fêtes d'étudiants auxquelles participent Charles (Gérard Blain) et Paul (Jean-Claude Brialy). C'est un peu le bon copain que tout le monde aimerait avoir. Sauf que… Clovis a été inspiré à Chabrol par Jean-Marie Le Pen, que le metteur en scène a bien connu quand il était lui-même étudiant à Paris. Président de la corpo de droit, Le Pen affiche déjà « *un nationalisme agressif, un colonialisme impérieux au nom de la race blanche et une nostalgie pour Pétain*[17] ». Pour Chabrol, c'est d'abord un joyeux compagnon de chahut qu'il aime voir blasphémer Dieu, soûl en pleine église. Un « *fout-la-merde magnifique* ». Pendant deux ans, ils multiplient virées alcoolisées et nuits blanches. Claude est alors capable d'enchaîner 11 pastis en une matinée au bar du bureau de la corpo. Leur dernière nuit blanche les conduit en juin 1950 au zinc d'une brasserie de Montmartre, Chez Dupont, résolus à prendre la cuite de leur vie. Ivres morts, ils abordent un couple, draguent l'épouse et insultent le mari, expliquant à la jeune femme que son conjoint est un idiot. Celui-ci finit par payer l'addition. Rentré chez lui, Chabrol constate qu'il est couvert de boutons rouge vif sur le visage et le torse. Ses excès lui ont provoqué une varicelle ! Ce sera la dernière guindaille de Claude et Jean-Marie. Le futur réalisateur de *L'Ivresse du pouvoir* (2006) entame alors des études de pharmacie, avant de se tourner vers le cinéma.

Clos-Vougeot

– Mais Babette, qu'y a-t-il dans cette bouteille ? Ce n'est tout de même pas du vin ?

– Du vin, Madame ? Non ! C'est un clos-vougeot 1846 !

En 1988, le réalisateur danois Gabriel Axel obtient l'Oscar du meilleur film en langue étrangère pour *Le Festin de Babette*. Le long-métrage est adapté de

17. Antoine de Baecque, *Chabrol*, Stock, 2021.

la nouvelle éponyme du recueil *Anecdotes du destin* (1958), de la non moins danoise Karen Blixen. Dans le long-métrage, Babette Hersant (Stéphane Audran) fait effectivement goûter ce nectar bourguignon à Martine, dont elle est la servante. Rappelons le génial scénario ici concocté : Française ayant fui la guerre civile à Paris, Babette sert pendant quinze années dans la maison de Martine et Filippa. Le jour où elle apprend avoir gagné à la loterie, elle décide de tout dépenser pour leur offrir un repas français. Les agapes comprennent

aussi un xérès amontillado, un vieux marc fine champagne et un champagne Veuve Clicquot 1860. Le choix de Stéphane Audran est particulièrement judicieux, puisque la comédienne a été mariée à Claude Chabrol. Autant vous dire qu'elle en a vu passer, des bouteilles !

Cocktails favoris (leurs)

Le Duc

de **Monica Bellucci**

1 cl de sirop de citron vert
1 cl de sirop d'hibiscus
2 cl de liqueur de cerises
5 cl de gin
Glaçons

Le Dirty Martini

de **Robert de Niro**

4 cl de vodka Absolut
2 cl de jus d'olive
1 cl de vermouth dry
Glaçons
2 ou 3 olives embrochées pour décorer

Le Serendipity

de **Johnny Depp**

Feuilles de menthe fraîche
1 cuillerée de sucre
2 cl de calvados
2 cl de jus de pomme
Champagne
4 glaçons

Le Raspberry Cheesecake

de **George Clooney**

2 cl de vodka
2 cl de liqueur de framboises
2 cl de crème fraîche liquide
Glaçons

L'Americano

de Jude Law

4 cl de Campari
2 cl de vermouth rouge
Eau gazeuse
Zeste d'orange

Le Pomegranate Blossom

de **Charlize Theron**

4 cl de vodka
2 cl de liqueur d'orange
3 cl de jus de grenade
1 cl de jus de citron vert
Glaçons

Coffe, Jean-Pierre

Avant de pousser des gueulantes sur Canal+ et de jouer pour Claude Chabrol, Volker Schlöndorff ou Yves Boisset, Jean Pierre Coffe a été le restaurateur chouchou du monde du cinéma.

En 1976 à Paris, il ouvre La Ciboulette, rue Saint-Honoré. Suivront La Grande Ciboulette, rue Rambuteau, et Chez Modeste, place Beaubourg. Ils deviennent des lieux prisés des noctambules gourmets de la capitale. Parmi les habitués figurent Jean Poiret, Isabelle Adjani, Michèle Morgan, Gérard Oury et Daniel Toscan du Plantier... Jean-Pierre assurera même avoir abrité les amours de Jean-Paul Belmondo et de Raquel Welch. Il interdisait son établissement aux photographes et avait ménagé une entrée secrète pour ses stars. Son client le plus fidèle ? Jean Carmet, devenu un ami, et avec qui il dégustait des muscadets non chaptalisés dans la cave du Modeste.

Comateux

« Il était un peu comateux », se souvient Brigitte Auber à propos du jeune Alain Delon et de ses beaux yeux bleus dans l'émission « 13 h 15 le dimanche » du non moins beau Laurent Delahousse sur France 2, en septembre 2021.

Nous sommes au club Saint-Germain à la fin des années 1950. Alain Delon a 20 ans et a été renvoyé de l'armée après avoir volé une Jeep en Indochine. Assis au comptoir, il en est à son troisième demi. L'actrice en vogue Brigitte Auber, qui vient de tourner *La Main au collet* d'Alfred Hitchcock, n'est pas insensible à son état d'ébriété et l'emmène dehors. « *Je le fais marcher mais je me suis dit que ce gars-là avait trop bu. On marche beaucoup et je lui demande où il habite. Il me répond qu'il habite Bourg-la-Reine mais qu'il ne peut pas rentrer comme ça… Je lui ai dit :* “Venez, vous allez dormir à la maison.” *Dans la nuit, il m'a rendu visite et puis ça a commencé comme ça.* » Ce qui commence comme ça, c'est surtout la carrière du bel Alain. Fréquentant le quartier de Saint-Germain-des-Prés avec sa nouvelle conquête, il se fait remarquer par Jean-Claude Brialy. Ce dernier l'invite au Festival de Cannes, où le physique de Delon impressionne les producteurs. En 1957, il tourne son premier long-métrage, *Quand la femme s'en mêle*, sous la direction d'Yves Allégret. Merci qui ? Merci la bière.

Cotillard, Marion

– T'vois s'que j'veux t'dire…c'est que… En fait… De toute façon… Moiii… Enfin, tu vois c'que j'veux t'dire ?
– Ouais euh…j'vois bien.
– Ou tu le sens !
– Ouais…
– Enfin on s'comprend.
– À tout à l'heure, excuse-moi.
– Moi je me comprends…

La comédienne a débuté sa carrière à l'âge de 16 ans en interprétant une jeune femme ivre dans un spot de « Tu t'es vu quand t'as bu », campagne télévisée de 1991 sur les dangers de l'alcoolisme tournée par Gérard Jugnot, le réalisateur de *Pinot simple flic*. Elle a depuis remporté un Oscar et ouvert deux bistrots à Paris : les biens nommés Jaja et Glou.

Couples imbibés

Ils avaient tout : le talent, l'amour et le succès. Malheureusement, ces comédiens glamour avaient aussi le gosier en pente et une certaine tendance à l'autodestruction. Voici notre podium des Bonnie and Clyde de la picole.

Elisabeth Taylor et Richard Burton (1964-1976)

Douze années à ouvrir des bouteilles, se disputer, se retrouver, s'épouser, divorcer. Douze années et neuf films tournés ensemble dont des chefs-d'œuvre comme *Cléopâtre* (Joseph L. Mankiewicz, 1963) ou *Qui a peur de Virginia Woolf ?* (Mike Nichols, 1966). Sur le plateau de ce dernier, leurs embrouilles éthyliques plombent un tournage qui manquera de couler la 20th Century Fox. Sur celui de *Boom !* (Joseph Losey, 1968), Burton perd ses nerfs à lui expliquer que non, elle ne peut pas acheter la maison où elle habite, puisque c'est un décor. L'acteur n'est pas en reste. Dans son *Journal intime* (paru aux éditions Séguier en 2020), écrit sobre pour une fois, il constate que « *l'alcool est un formidable analgésique. J'avais oublié à quel point les gens sont ennuyeux. J'avais oublié à quel point les gens ont peur.* » Un soir de beuverie chic, il traite la duchesse de Windsor de « *femme la plus vulgaire jamais rencontrée* ».

Leur meilleure scène (de ménage) a lieu hors caméra un soir d'ivresse en 1960. Alors qu'ils viennent de se disputer à l'entrée d'un restaurant, Richard Burton entre le premier et s'installe, seul. Taylor fait de même. Ils font table à part, mais « Liz », n'ayant jamais d'argent sur elle, ne peut pas payer. Elle demande au garçon de porter la note à la table de Burton qui déclare à voix haute : « *Si cette dame n'a pas d'argent pour payer, qu'elle fasse la vaisselle.* » Taylor règle avec une de ses bagues de diamant et s'en va. Burton paie finalement l'addition, récupère la bague et ils se réconcilient. Tchin !

Ava Gardner et George C. Scott (1966)

En 1990, dans ses Mémoires (*Ava, Mémoires*, Presses de la Renaissance), Ava résume sa courte liaison avec l'Oscar 1971 du meilleur acteur pour *Patton* : « *Nous buvions tous les deux beaucoup, mais moi, l'alcool me rendait généralement heureuse et conciliante. George, quand il était ivre, pouvait devenir fou furieux sur un mode tout à fait terrifiant.* » La preuve par trois. Acte I. Un soir à Madrid, après une dispute, Scott se soûle à mort, fait du feu dans la cheminée et se jette dans les braises la tête la première. Acte II, en Sicile, sur le plateau de *La Bible* (1966), son réalisateur, John Huston, paie trois mafieux bien costauds pour protéger Ava de George, grand buveur de whisky qui commençait à être violent. Acte III. Alors que Gardner loge au Beverly Hills Hotel de Los Angeles, il enfonce sa porte et jure de la tuer si elle ne l'épouse pas. Assis à califourchon sur elle, il enchaîne les bouteilles, puis les casse pour la menacer avec les tessons. Elle s'en tire avec un décollement de la rétine à un œil et la joue droite gravement tuméfiée.

Annie Girardot et Bernard Fresson (1971-1978)

La comédienne triplement césarisée a vécu un septennat plus qu'agité avec Bernard Fresson. Celui qui joue le rôle du chef de brasserie dans *Garçon !* lui fait des scènes de jalousie en plein restaurant, débarque en pleine nuit chez elle pour la surprendre avec un amant et la frappe régulièrement quand il est soûl (ou pas). À tel point qu'elle doit parfois reporter des tournages le temps que son visage désenfle. Le tempérament de Fresson faillit carrément coûter la vie à un réalisateur. Un soir, Yves Boisset dîne avec Annie Girardot dans une brasserie parisienne proche de la gare de l'Est. Ils doivent parler du film qu'ils s'apprêtent à tourner ensemble. Débarque alors le bouillant acteur de *La Grosse Caisse*. Ivre mort, il porte un fusil à l'épaule et titube entre les tables pour se placer en face de celle où dînent son amante et son metteur en scène. Croyant à un repas d'amoureux, il tire plusieurs fois sur ce dernier. Heureusement, Fresson est tellement paf que les balles atterrissent dans le plafond et les murs.

Croissants

« Si j'étais excessive, c'était dans le travail. J'aime aussi m'arrêter, prendre mon temps en buvant un petit apéritif. Je fais la fête de temps en temps mais je ne commence pas à boire de l'alcool au réveil, comme Simone Signoret qui, dès 10 heures du matin, trempait ses croissants dans le pastis de La Colombe d'Or (l'hôtel-restaurant de Saint-Paul de Vence où elle avait ses habitudes – NDLA)**.** [18] **»**

Line Renaud

Delirium Tremens

Dans *Le Cercle rouge* (Jean-Pierre Melville, 1970), Yves Montand incarne Jansen, un ancien policier reconverti dans le banditisme, alcoolique. La prestation de Montand est marquée par la scène dite des « habitants du placard ». Couché tout habillé dans le lit de son sordide pavillon de banlieue, Jansen est victime d'une crise de *delirium tremens* (état d'agitation survenant pendant un sevrage alcoolique). Pris d'hallucinations, il voit sortir de son placard araignées, serpents, lézards et rats qui contournent des cadavres de bouteilles pour escalader son matelas. Pour imaginer son personnage, Jean-Pierre Melville s'est inspiré de l'écrivain William Faulkner.

Demaison, François-Xavier

Dans les Pyrénées-Orientales, l'acteur de *Champagne !* produit un vin baptisé Mirmanda, qui tire son nom d'une

18. Catherine Tabouis, « Line Renaud : "Johnny était Superman, il me manque beaucoup" », *Paris Match*, 24 mars 2019.

légende catalane. Blanc, rouge ou rosé, il est fabriqué à partir de syrah, de roussanne, de carignan, de mourvèdre et de grenache cultivés sur un terroir faisant notamment face à la fameuse grotte préhistorique de Tautavel. « *Il y a un terroir extraordinaire qui nous donne des très belles cuvées. Et on augmente un peu les volumes, puisqu'on a démarré très modestement*, explique François-Xavier. *Au début, nous avons fait 600 bouteilles de blanc et 600 bouteilles de rouge. Aujourd'hui, nous sommes à 5 000 blancs et 10 000 rouges. Ce n'est pas rien.* [19] »

Descente

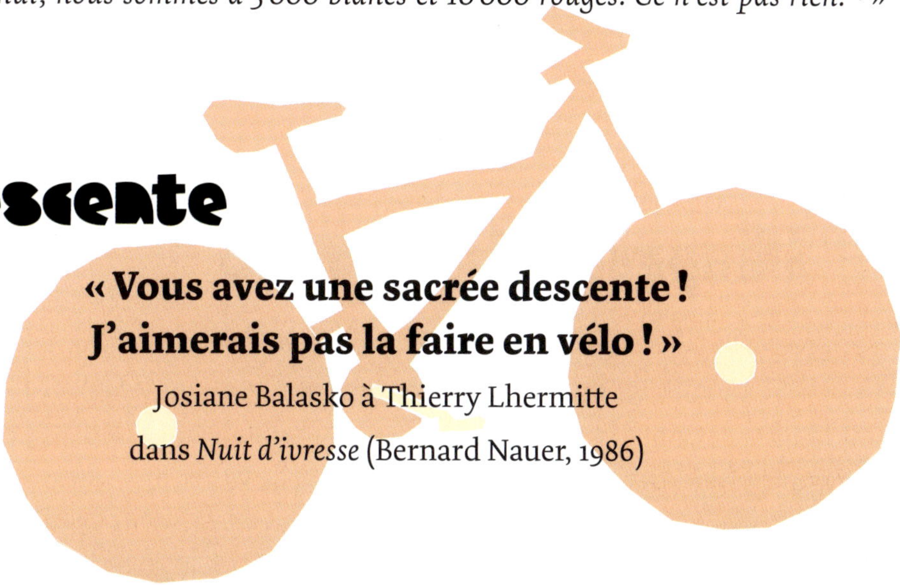

« Vous avez une sacrée descente !
J'aimerais pas la faire en vélo ! »

Josiane Balasko à Thierry Lhermitte
dans *Nuit d'ivresse* (Bernard Nauer, 1986)

Déstockage

En 2011, Alain Delon a mis aux enchères une bonne partie de sa cave. Parmi ses 1 000 bouteilles, on trouvait des cognacs (Napoléon Piercel, Bisquit & Dubouché de 1840, XO siglés Alain Delon…) et, bien sûr, beaucoup de vins (Château Cheval blanc 1947, Pomerol Petrus 1972, Château Latour 1982…). Si vous êtes invité chez Alain, prévoyez votre litron, car il a vendu ses meilleurs flacons.

Diarrhée

En 1951, John Huston et son équipe s'installent au Congo belge pour tourner *L'Odyssée de l'African Queen*. Huston et son premier rôle Humphrey Bogart

19. « Il n'y a pas qu'une vie dans la vie », Europe 1, 12 février 2022.

(qui joue le capitaine Charlie Allnutt) s'enquillent des bouteilles de whisky du matin au soir. Fâchée, Katharine Hepburn décide de ne boire que de l'eau pendant toute la durée du tournage. Malheureusement pour elle, l'eau locale est bien plus nocive que l'alcool. La dysenterie ravage les intestins de l'équipe technique et des acteurs… excepté ceux de Huston et Bogart qui ne carburent qu'au scotch.
Dans le film, Hepburn joue la très raide sœur missionnaire Rose Sayer. Ulcéré par l'alcoolisme d'Allnutt, son personnage profite d'une de ses gueules de bois pour vider ses précieuses bouteilles de gin dans la rivière Ulanga.

DiCaprio, Leonardo

DiCaprio qui cajole un verre de sherry dans *Django Unchained*, DiCaprio qui tient une canette de bière dans *Once Upon a Time…. in Hollywood*, DiCaprio qui tend une coupette en direction de la caméra dans *Gatsby le Magnifique…*

Les gifs de la star américaine avec de l'alcool figurent parmi les plus utilisés dans le monde. Pas étonnant que « Leo » ait fini par investir une partie de ses nombreux dollars dans les vignes. En mai 2022, l'acteur s'est accordé une discrète virée en Champagne pour rencontrer les dirigeants de Telmont, honorable maison fondée en 1912, et faire son petit tour du propriétaire. Récent actionnaire minoritaire – aux côtés du groupe français de spiritueux Rémy Cointreau – il s'est alors fendu d'un message sur le site de Telmont : « *Avec ses partenaires vignerons, elle a mis le cap vers un champagne 100 % biologique au cycle de production totalement durable dans les années à venir. En protégeant la*

biodiversité de son terroir et en s'approvisionnant notamment à 100 % en électricité renouvelable, la Maison Telmont est déterminée à réduire radicalement son empreinte environnementale, ce qui me rend fier de rejoindre celle-ci en tant qu'investisseur. »
Grand défenseur de l'écologie, DiCaprio a été séduit par la volonté de la marque de lancer des cuvées écoresponsables misant entre autres sur l'arrêt des bouteilles transparentes et la suppression du packaging. Tout le vignoble Telmont devrait être converti en bio d'ici 2025. L'acteur pourra donc répéter son prochain rôle avec son propre champagne : Appian Way, sa société de production, a acquis les droits de remake de *Drunk*.

Dieu

« Il y a un dieu pour les ivrognes,
il y a aussi un dieu pour les acteurs. »

Jean-Paul Belmondo

Drunk

Quatre quadragénaires danois décident de mettre en pratique la théorie d'un psychologue norvégien selon laquelle l'homme aurait, dès la naissance, un déficit d'alcool dans le sang. Ce film de Thomas Vinterberg est un miracle. D'abord parce que le réalisateur a eu la douleur de perdre sa fille de 18 ans dans un accident de voiture quatre jours après le début du tournage, et qu'il a réussi à le terminer. Ensuite, parce que son travail a récolté l'Oscar 2021 du meilleur film étranger. Dans la note d'intention de *Drunk*, il avait longuement exposé sa vision des rapports féconds entre art et alcool : « *De grands intellectuels, artistes et écrivains, comme Tchaïkovsky ou Hemingway, ont trouvé le courage et l'inspiration au fond d'un verre. Nous connaissons tous le sentiment de l'espace qui s'agrandit, de la conversation qui prend de l'ampleur, et des problèmes qui disparaissent à mesure que l'on boit de l'alcool. À travers ce film, il s'agit d'examiner comment la consommation d'alcool libère les gens. Il est évidemment aussi un portrait lucide de ses effets dévastateurs. L'excès d'alcool tue, et détruit des vies. Traiter d'un sujet aussi grave et sérieux avec, parfois, un peu d'humour, peut être choquant aux yeux de certains. Nous espérons que le film donnera matière à réflexion et à débat auprès d'un public qui vit dans un monde de plus en plus défini par une rhétorique puritaine, mais avec une consommation d'alcool assez élevée au niveau mondial, même à un très jeune âge.* Drunk *est pensé comme un hommage à la vie. Comme une reconquête de la sagesse irrationnelle libérée de toute logique anxieuse, qui recherche le désir même de vivre… avec des conséquences parfois tragiques.* »

« Effet clooney »

Voir George Clooney empocher des centaines de millions de dollars en vendant sa marque de tequila Casamigos au géant des spiritueux Diageo a inspiré quelque uns de ses confrères acteurs, qui se sont pris de passion pour cet alcool. En 2020, Arnold Schwarzenegger a ainsi rejoint le basketteur LeBron James au capital de Lobos 1707. La même année, Dwayne « The Rock » Johnson a cofondé Teremana, qui commercialise une tequila produite dans l'État du Jalisco, au Mexique évidemment. Chris Noth (*Sex and the City*) a pris des parts dans la Ambhar, tandis que Pierce Brosnan finance la Don Ramón, qui a la capacité de « *donner de la vitalité à certains moments de la vie* ». Une façon élégante de dire : « Pour se mettre minable ».

« Elle est gentille mais elle est moche »

Dans *Les Trois Frères* (Didier Bourdon et Bernard Campan, 1995), Didier a bu un coup de trop et confie à M. et Mme Rougemont tout le dégoût que lui inspire le physique de leur fille. Puis, il s'allume une cigarette au moment où Bernard débarque pour demander s'ils peuvent le loger. Réponse du père Rougemont : « *L'alcool n'excuse pas tout. Foutez-moi le camp, avant que j'écrase vos sales petites gueules de petits merdeux !* » Ça doit vouloir dire non.

Enfants

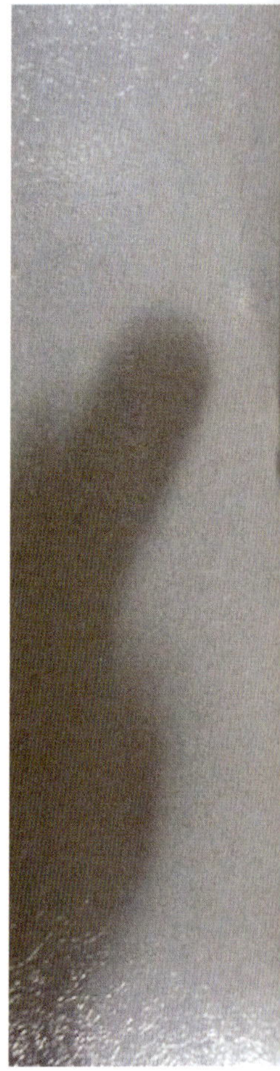

Une étude de la Geisel School of Medicine de Dartmouth (New Hampshire, États-Unis) démontre qu'un nombre non négligeable de films américains pour enfants contient des références à l'alcool. Ce sont parfois de simples apparitions, parfois de vrais placements de produits. Les chercheurs ont passé en revue 100 longs-métrages ayant occupé la tête du box-office US entre 1997 et 2017. Trois marques (Budweiser, Miller et Heineken) concentrent près d'un tiers des placements. Des exemples ? Dans *Transformers : l'âge de l'extinction* (Michael Bay, 2014), un camion de livraison du brasseur explose au contact d'un robot, laissant échapper des dizaines de canettes de Bud Light. Cade Yeager (Mark Wahlberg) en décapsule une pour en boire une grosse gorgée. Dans *Spider-Man* (Sam Raimi, 2002), le héros fait des cabrioles en plein New York, juché sur un énorme semi-remorque portant le logo « Carlsberg Beer ». Ce phénomène ne date pas d'hier, puisque Disney a commencé très tôt. Dans *Dumbo* (1941), l'éléphanteau vole parce qu'il a bu, par mégarde, de l'eau mélangée à du champagne. Il rêve d'éléphants roses qui dansent, puis décolle, pour se réveiller le matin tout en haut d'un arbre. Dans *La Belle et la Bête* (1991), des flots de champagne rosé jaillissent d'une rangée de bouteilles à la fin d'un dîner, accompagnés d'une chanson qui célèbre la gastronomie française. Pauvres bambins.

E.T. picole maison

L'un boit, l'autre trinque. Seul dans la maison de son ami Elliott (Henry Thomas), l'extraterrestre aux grands yeux bleus s'enquille des canettes de bière en regardant la télévision, comme un vrai Américain. Dans la mesure où Elliot et lui partagent leurs sensations à distance, le petit garçon californien se retrouve tout éméché en classe. Les deux situations sont montées en parallèle et la scène est l'une des meilleures d'*E.T.* (Steven Spielberg, 1982), inusable classique.

« Excusez-la, elle ne connaît pas sa force »

C'est le commentaire du ministre joué par Pierre Dac quand son épouse charpentée transperce la coque de la vedette rapide L'Increvable en lançant la traditionnelle bouteille de champagne. Dans *Le Petit Baigneur* (Robert Dhéry, 1968), l'incident gâche l'inauguration et la bénédiction de l'embarcation, fierté des chantiers Fourchaume. Et énerve prodigieusement Louis-Philippe Fourchaume (Louis de Funès), directeur et fils du fondateur de l'entreprise.

Fantômas

Dans *Juve contre Fantômas* (Louis Feuillade, 1913), Fantômas ordonne à ses hommes de mettre le feu aux barriques de vin d'un tonnelier parisien du quartier de Bercy. Il espère ainsi que ses ennemis Juve et Fandor périront dans les flammes. Mais ceux-ci s'échappent dans un fût qui roule jusque dans la Seine.

Fontaine Gaillon (La)

Pendant seize ans, ce restaurant parisien a été le refuge de Gérard Depardieu entre deux tournages. Il l'avait acheté en 2003 avec sa compagne d'alors, Carole Bouquet, et le chef cuisinier Laurent Audiot, un « *vieux copain* » avec qui il « *buvait des coups* » à l'époque où sa devise était « *Ôte-toi de là, que je m'humecte !* [20] »

Situé rue Michodière, dans un hôtel particulier édifié par l'architecte Jules Hardouin-Mansart, le Gaillon se distingue par son comptoir Charles X, où Gérard recevait la clientèle. L'établissement abritait une collection de bourgognes et de grands crus de Bordeaux, où s'illustraient les vins de son ami, l'homme d'affaires bordelais Bernard Magrez : des Château Pape Clément, La Tour Carnet et Cos d'Estournel. Le Gaillon avait reçu deux toques du guide *Gault et Millau*. Il a été cédé en 2019 au chef étoilé Marc Veyrat.

Gabin, Jean

Jacques Prévert disait de lui qu'il était « *l'acteur le plus fragile et le plus solide en même temps. Sombre comme le vin rouge, simple comme la tache de sang et parfois gai comme le petit vin blanc.* [21] » Sa présence dans de nombreuses entrées de l'ouvrage que vous tenez entre les mains en témoigne avec panache. Et le « Vieux » ne se mouchait pas du coude. Si vous examinez sa carrière de près, vous constaterez qu'il boit du champagne dans presque tous ses films, qu'il joue un militaire, un ouvrier, un clochard, un truand ou un commissaire de police. Du millésimé en plus.

---

20. Jean-Claude Ribaut, « À table chez Gérard Depardieu », *Le Monde*, 8 décembre 2003.
21. « Poèmes de Jacques Prévert à Jean Gabin (texte de la personnalité) », *Ciné-Club*, avril 1954.

Garcia, José

« Je n'ai qu'un foie, je suis obligé de faire des choix »

Au printemps 2020, l'inoubliable Serge Benamou de *La vérité si je mens !* lançait le Rosé Garcia, un « vin de soif » fruité et festif. L'acteur ne possède pas de vignes, mais choisit l'assemblage des cépages (syrah, grenache, caladoc) de ce rosé produit massivement – 100 000 bouteilles pour la première cuvée – au château de Montfrin, dans le Gard. José Garcia a été intronisé dans l'ordre de Bon-Temps (un club social et gastronomique québécois), a reçu le prix des Trois Coups de l'Angélus et a même été une fois gagnant au Marathon des leveurs de coude. Une référence.

Vous dites que le Rosé Garcia est réservé à « *ceux qui boivent minimum six bouteilles par soirée* » ?

(*Rires.*) Oui, c'est un minimum. J'aime bien le principe du « rosé piscine » avec plein de glaçons pour rire et boire frais, sans être trop soûl. J'ai donc voulu un vin de soif tout terrain, bio, festif, qui ne se prend pas la tête et qui ne fasse pas mal à la tête. Le tout à un prix abordable (10,70 € en janvier 2023 – NDLA). Tout est parti d'un jeu de mots avec mon nom et de l'envie de faire rire les gens après le confinement de 2020. En plus, ils ont mis ma tête dessus et m'ont proposé de le promouvoir dans les rues de Paris avec des mariachis mexicains pour faire la foire et se marrer. Comment refuser ?

Le Rosé Garcia est un vin gardois, mais on vous sait plus proche des bordeaux et des vins espagnols…

Mes parents sont galiciens, donc j'ai une vraie passion pour les vins ibériques : Vega Sicilia et rioja en rouge, alvarinho en blanc. Ce dernier est facile à boire avec des fruits de mer et très minéral. Pour les blancs, j'adore les vins minéraux et secs. Concernant les rouges, je préfère les très puissants avec beaucoup de mâche et de force. J'adore d'autres vins, les bourgognes, le muscadet, les corses… J'ai fait le tour de France en la matière. Je me souviens de nuits-saint-georges que je n'avais pas les moyens de m'acheter, mais qui étaient sublimes. Mais je n'ai qu'un foie et je suis obligé de faire des choix. Que les autres me pardonnent !

Comment vous êtes-vous retrouvé Pair de la jurade de Saint-Émilion ?

En 2002, je tournais *Quelqu'un de bien* (Patrick Timsit) dans le Bordelais, et Patrick m'a fait le cadeau de me faire introniser dans cette confrérie historique. Je m'y suis fait beaucoup d'amis, comme le chef Philippe Etchebest ou le vigneron Hubert de Boüard. Ils ont des vins sublimes, mais j'aime aussi le pauillac ou le Château Margaux. C'est aussi parce que je connais les gens qui les produisent que je ne me serais pas permis de faire moi-même mon propre vin.

Y a-t-il des vins que vous n'aimez pas ?

Les vins nouveaux ne me font rien. On a essayé de m'initier, mais c'est trop léger, trop proche du raisin pur. Ça, après des années de beaujolais nouveau, je connais, merci. En revanche, j'ai bu de très bonnes choses en biodynamie, mais il me faut vraiment de la puissance.

Il paraît que la grande époque où Claude Chabrol et Jean Gabin buvaient sur les tournages est terminée depuis longtemps. Vous nous le confirmez ?

Globalement, oui. Mais, à vrai dire, tout dépend de l'endroit où se tourne le film. Sur les tournages parisiens, chacun rentre chez soi à la fin de la journée. L'avantage, si j'ose dire, des tournages en province, c'est qu'on est dans les mêmes hôtels, loin de nos familles. Donc j'ai quelques bons souvenirs. Sur *Astérix et Obélix : l'empire du Milieu* (Guillaume Canet, 2023) par exemple, nous avons tourné en Auvergne en plein pendant le confinement du printemps 2021. Je me suis retrouvé à Clermont-Ferrand, dans le même hôtel que Jonathan Cohen, Vincent Cassel et Gilles Lellouche. L'établissement était occupé exclusivement par l'équipe du film. Le soir, on a bien bu et bien rigolé. Même si on se couchait tôt, parce que le lendemain il y avait beaucoup de boulot et il fallait assurer, j'ai le souvenir d'un instant de grâce, d'une bulle, d'un moment unique. Sinon, c'est souvent le vendredi soir que ça picole, sur les tournages. Et aussi en période de promotion, car on est plus détendus. Ça peut aussi être pendant les « soirées chiffres » quand on se retrouve le mercredi de la sortie pour scruter le nombre d'entrées. Là, l'ambiance dépend du succès du film. C'est souvent plus triste qu'heureux.

L'alcool sur les tables de la cantine du film, c'est aussi fini ?

Je vous le confirme. Quand je suis arrivé dans ce milieu au début des années 1990, c'était déjà la fin d'une époque. Même les machinos et les électros ont changé physiquement. Avant, c'étaient de bons gars posés qui mangeaient du fromage. Maintenant, ce sont des athlètes hyper efficaces parce qu'on n'a pas une minute à nous. Le danger, en buvant trop pendant le tournage, c'est de mettre tout le film en péril s'il y a un accident ou que la police nous arrête au volant. Donc, il faut des gens pour nous amener et pour nous ramener. Des conducteurs désignés qu'on appelle Sam (acronyme de Sans Accident Mortel – NDLA). C'est tout un barnum. Heureusement, il reste les fêtes de fin de tournage.

Sur les trois films *La vérité si je mens !*, ça a quand même dû être festif avec Bruno Solo, Vincent Elbaz et Gilbert Melki, non ?

Oui, j'ai de bons souvenirs de notre vie de troupe. Dans le premier film, en 1996, il y a une scène où nous sommes dans une Rolls-Royce avec moi au volant. Il était 9 heures du matin et j'avais donné des magnums de Clos du Marquis à décanter au restaurant Les Vapeurs, à Trouville (Calvados). À 10 h 30, notre journée de travail était finie. On a garé la Rolls sur leur parking et on a attaqué le casse-croûte.

Vos parents étaient gens de maison dans le XVIe arrondissement de Paris. Le vin, vous êtes tombé dedans tout petit ?

Leurs premiers employeurs étaient des négociants en vin. Étant bébé, je dormais dans leur cellier pendant que mes parents travaillaient. J'étais alors entouré de jéroboams et de bouteilles vides. Forcément, ça donne des idées.

C'est vrai que vous avez déjà condamné l'accès à des bouteilles pour ne pas les ouvrir ?

Oui, ça m'est arrivé plusieurs fois, avec des sancerre, des Marqués de Riscal ou des Marqués de Cáceres, des rouges abordables. Je les avais mis chez moi dans une caisse en bois que j'avais ensuite fermée avec un marteau et des clous. Je me suis retrouvé à 2 heures du matin avec le pied de biche et un tournevis pour les ouvrir avec des copains. C'est pour ça que je n'ai pas de cave. J'ai un ami qui m'achète des bouteilles par lots de dix, généralement des seconds vins, pas des premiers crus. Quand je m'y mets, j'aime beaucoup boire. Mais la plupart du temps, entre tournages et entraînements physiques, j'évite. Sauf l'été quand il fait une chaleur de bœuf et que je bois du rosé ou de la bière.

Votre film préféré sur l'alcool ?

Un singe en hiver (Henri Verneuil, 1962). Il donne l'ampleur de ce que peut être l'alcool quand il est bien mené et qu'il amène de la démesure et de la poésie. C'est d'autant plus beau que ce n'est pas toujours le cas. L'alcool peut aussi amener de la perdition et de la douleur. Je ne veux pas faire l'apologie de ça, mais du partage. Finalement, je n'aime pas parler de vin. C'est comme parler de cul, ça se partage à plusieurs. Ce sont juste des moments d'amitié sublimés par le vin. Les très bons vins sont la garantie d'une soirée délicieuse, pleine d'amour, d'arômes et d'odeurs. C'est ça qui est beau. Le vin, c'est sensuel.

Pour un acteur, comment jouer un personnage ivre ?

C'est très difficile, car ce qu'il faut

jouer, ce n'est pas le laisser-aller, mais, au contraire, la résistance. Tout ce que veut un type qui boit, c'est montrer aux autres qu'il n'est pas bourré. Il faut qu'il se trahisse sur un geste ou une obsession. Je m'en suis aperçu dans *Les Seigneurs* (Olivier Dahan, 2012), où j'interprétais Patrick Orbéra, un ancien grand footballeur devenu alcoolique. Ce qui est intéressant, c'est de jouer les démons du type qui boit. C'est tout un travail qui est assez dangereux. Sauf si on arrive à bien maîtriser le sujet, bien sûr.

Gardner, Ava

Au Panthéon des buveurs pathologiques du cinéma, on compte principalement des hommes. Mais quelques actrices tiennent la dragée haute à ces messieurs. Ava Gardner est indéniablement du nombre. Dans ses Mémoires, elle raconte préférer l'alcool à la marijuana, car il « *est plus fiable, et beaucoup plus facile à se procurer* [22] ». Mais attention, ne la traitez pas de soûlarde ! « *Pour dire la vérité, je ne me suis jamais reconnue dans l'espèce d'alcoolique que la presse a fait de moi. Je n'ai jamais fait partie de ces buveurs silencieux et constants qui picolent jour et nuit. J'aimais faire la fête, me coucher tard, et j'en disais parfois beaucoup plus que je n'en faisais. Et puis lorsque je buvais, c'étaient les effets de l'alcool que je recherchais. De tous les verres que j'ai bus, je ne me rappelle pas avoir pris plaisir à un seul. La seule raison qui me faisait boire était l'envie de surmonter ma timidité.* » « *Pas pris plaisir à un seul* » ? Moui...

22. *Ava*, *Mémoires*, Presses de la Renaissance, 1996.

Dans les années 1950, l'inoubliable actrice de *La Comtesse aux pieds nus* s'installe à Madrid et passe ses nuits à s'enivrer de Sol y sombra, un mélange d'absinthe et d'anisette. Ava explique qu'elle en boit pour avoir le courage d'affronter le spectacle de la corrida. « *Ces cocktails étaient encore le seul anesthésiant que j'avais trouvé pour pouvoir supporter la vue de ces fauves magnifiques mis à mort dans l'arène.* » Elle a dû en boire beaucoup pour prendre les taureaux pour des fauves ! Autre justification apportée par la belle : la pression sociale inhérente à Hollywood. « *Il ne faut pas oublier que, depuis la fin de la Seconde Guerre mondiale, le mot de passe de toutes les mondanités c'était :* "Prenons donc un verre." *Personne alors ne parlait d'alcoolisme, ce vilain mot. Mais les boissons alcoolisées étaient le pivot incontournable de toute vie sociale.* » À l'époque, les photographes ont coutume de ne l'aborder que quand ils sont certains qu'elle a déjà bu au moins quatre apéritifs. La dose minimale pour espérer un sourire. « *Elle était très drôle, mais quand elle buvait, elle pouvait changer du tout au tout*, raconte, au contraire, son assistante. *Nous avions une sorte de devise :* "Attention au troisième Martini." *Elle commençait alors à se méfier des gens qui étaient avec elle. Elle disait souvent :* "Il n'est rien qui ne se trouve dans une bouteille de gin."[23] »

Gatsby le Magnifique

Dans le film de 1974, réalisé par Jack Clayton, avec Robert Redford et Mia Farrow, on trouve du champagne Dom Pérignon. C'est une bourde magnifique : l'histoire se déroule en 1922 et la cuvée Dom Pérignon de Moët & Chandon ne sera lancée qu'en 1935.

23. Bertrand Meyer-Stabley, *La Véritable Ava Gardner*, Pygmalion, 2009.

George

Au grand bingo des stars qui vendent de l'alcool, George Clooney a raflé le gros lot. En 2017, il a cédé la marque de tequila Casamigos au mastodonte britannique des spiritueux Diageo (Johnnie Walker, Guinness, Smirnoff...) et en a tiré 239 millions de dollars. Non, vous n'avez pas bu un shot de trop, l'acteur du *Retour des tomates tueuses* a vraiment pris le plus important billet de sa carrière en revandant une société née quatre ans plus tôt. Il pourrait même en toucher 100 de plus d'ici 2027, en fonction des performances de la marque.

Clooney a créé en 2013 Casamigos avec ses deux amis, les hommes d'affaires Rande Gerber (ce n'est pas un surnom) et Mike Meldman. Ex-barman, le premier règne sur un petit empire de restaurants et est accessoirement marié avec le top model Cindy Crawford. Le second a fait fortune dans l'immobilier. Après avoir parcouru à moto l'État voisin de Jalisco et goûté moult eaux-de-vie d'agave, Clooney et Gerber jettent leur dévolu sur une distillerie nommée NOM 1416. « *On en voulait une qui ne brûle pas à la descente et aussi très savoureuse. Une qu'on n'ait pas envie de mélanger et qu'on puisse boire toute la journée sans avoir la gueule de bois le lendemain.* [24] » Très vite, Casamigos produit ses 1 000 bouteilles annuelles... englouties aussitôt ouvertes. Les compères décident donc de les commercialiser à grande échelle. Le flacon est vendu environ 40 euros et on se l'arrache. En 2015 et 2016, l'entreprise connaît une croissance de 50 %, tutoyant les 170 000 caisses vendues par an. Par l'odeur du glamour et de l'agave attiré, Diageo débarque et sort le carnet de chèques.

---

24. Alison Millington, « George Clooney's Tequila Just Sold for $1 Billion – Here's the Story of How It Was Set Up by Accident », Business Insider, 22 juin 2017.

Clooney, Gerber et Crawford s'étaient fendus d'une hilarante série de spots publicitaires dont nous vous conseillons le visionnage sur YouTube. Sur l'air du « Let's Straighten It Out » de Latimore, on y voit les trois stars se réveiller dans les lits des uns et des autres après une nuit flambée à la tequila. Le tout arrosé du message de prévention réglementaire : « *S'il vous plaît, buvez de façon responsable.* » Assurément un des meilleurs films de George.

Grande Vadrouille (La)

Durant l'été 1966, le tournage du classique de Gérard Oury fait étape à Meursault (Côte-d'Or), dont la mairie abrite la reconstitution de la *Kommandantur* allemande. Bourvil et Louis de Funès en profitent pour déguster quelques grands crus. Filmée par une caméra de l'ORTF, la séquence – disponible sur le site de l'Ina – est l'occasion pour Bourvil de feindre la méconnaissance du vin. « *C'est un beaujolais* », répond-il au reporter lui demandant ce que contient son verre. Le comédien annonce ensuite qu'ils ont commandé du meursault et du volnay pour leurs caves respectives. On est loin du sketch « La Causerie antialcoolique » de Bourvil : « *L'alcool non, mais l'eau ferrugineuse, oui !* »

Hearst, William Randolph

En 1924, le milliardaire américain, propriétaire d'une compagnie de cinéma, aurait tué le producteur Thomas Harper Ince en lui tirant dessus. Officiellement, ce dernier a succombé à un infarctus du myocarde. Officieusement, Hearst aurait surpris Charlie Chaplin en train de flirter avec sa maîtresse, Marion Davies, buveuse patentée, au cours d'une croisière. Hearst aurait tiré sur Chaplin, et Ince hérité d'une balle perdue. Le film *Un parfum de meurtre* (Peter Bogdanovich, 2001) reprend à son compte la théorie selon laquelle Hearst était ivre quand il a visé. Il picolait assez peu et avait l'habitude de ne se servir une seconde coupe que lorsqu'il se sentait bien. Pas de chance pour Ince.

Hitchcock, Alfred

« Vous ne croyez tout de même pas que je vais gâcher du bon vin en l'offrant à mes invités ! Il doit se boire seul. La conversation est l'ennemie du bon vin et de la bonne nourriture. »

Alfred Hitchcock assurait n'avoir jamais bu une seule goutte d'alcool avant de commencer à faire du cinéma, à l'âge de 23 ans. Comme le prouve cette confession, faite en 1972 à un journaliste, il a plongé plus tard dans la boisson. Dès 1939 et son premier film américain, il choquera les États-Unis en s'endormant sur le plateau de Rebecca après des déjeuners arrosés au champagne ; il s'offrira un vignoble en Californie qui lui rapportera de substantiels revenus et sera même intronisé en 1960 Chevalier de Tastevin (Côte d'Or), la confrérie éponyme... Et la quasi-totalité de ses films témoignent de sa passion.

Durant *La Mort aux trousses* (1959), Roger Thornhill (Cary Grant) est saoulé de force par des gros bras qui lui font avaler une bouteille de whisky. Il est ensuite arrêté par la police pour conduite en état d'ivresse.

Dans *Les Enchaînés* (1946), Ingrid Bergman est Alicia Huberman, une femme très portée sur l'alcool. Hitchcock y apparaît buvant une petite coupette à la 64e minute. Lors d'une fête, Huberman et T. R. Devlin (encore Cary Grant) cherchent de l'uranium possiblement dissimulé dans une bouteille de Pommard 1934.

Un verre de cognac de trop est également fatal à Gordon Thwaite (Nigel Bruce) dans *Soupçons* (1941).

À la fin de sa vie, il arrivera malheureusement à peu près la même aventure à son réalisateur. Souffrant d'arthrite, il consomme beaucoup d'alcool pour soulager ses douleurs aux genoux. Buvant une bouteille de vin à chaque repas, il meurt à 80 ans des suites d'une insuffisance rénale, dans sa maison de Bel Air, à Los Angeles. Agrandie par ses soins, la cave de la demeure regorgeait de saint-émilion, pouilly-fuissé ou musigny.

Homme qui voulait vivre sa vie (L')

Dans ce film d'Éric Lartigau, sorti en 2010, Paul Exben (Romain Duris) voit chez son voisin une bouteille que sa femme, Sarah (Marina Foïs), aime depuis peu : un Cloudy Bay néo-zélandais. Paul réalise alors qu'elle le trompe avec le voisin. Ce rouge a été sélectionné par Alain Maes, créateur de Product Placement Impact, un outil mesurant l'efficacité du placement de produit. « *C'est un vin qui n'était connu que par des experts avertis. C'est un choix important, car, dans cette scène, c'est la bouteille qui déclenche toute la compréhension de la situation.*[25] »

Husbands

Quoi de mieux qu'un bar new-yorkais et une rivière de bière pour noyer son chagrin ? En 1970, dans *Husbands*, John Cassavetes filme trois quadragénaires (Peter Falk, Ben Gazzara et lui-même) se consolant comme ils le peuvent de l'enterrement de leur meilleur ami. La bacchanale vire au concours de chant et se termine par une pluie de vomi aux toilettes. Les pères de famille partent ensuite à Londres pour exécuter à peu près le même programme. Le film dure près de deux

25. « Comment fonctionne le placement de produits dans un film ? », CNC.fr, 26 juillet 2018.

heures trente, ce qui en fait une des plus longues cuites de l'histoire du septième art. Laissons à Ronny Chester (de l'excellent site DVDClassik) le soin de payer la dernière tournée : « *Dans le cinéma de Cassavetes, l'alcool joue un rôle essentiel, cathartique, il constitue une vague d'énergie supplémentaire, un courant porteur parallèle ; il ne véhicule aucune valeur morale, il manifeste simplement un état d'esprit, presque une revendication de liberté et d'abandon. L'art de Cassavetes est un art de l'ivresse permanente.* »

Ivrator

« *La meilleure façon d'apprendre le métier de comédien, c'est d'aller dans les pubs.* » Consciencieux à l'extrême, le Londonien Oliver Reed y a passé tellement de temps qu'il réussit même à battre Lee Marvin au concours de lever de coude sur le plateau d'*Un cow-boy en colère* (Don Taylor, 1976).

Un quart de siècle plus tard, il a infligé involontairement à Ridley Scott la pire chose qui puisse arriver à un metteur en scène : la mort d'un acteur pendant un tournage. Dans *Gladiator* (2000), il incarne Proximo, le propriétaire et entraîneur de gladiateurs qui propulse Maximus (Russell Crowe) jusqu'à la gloire.

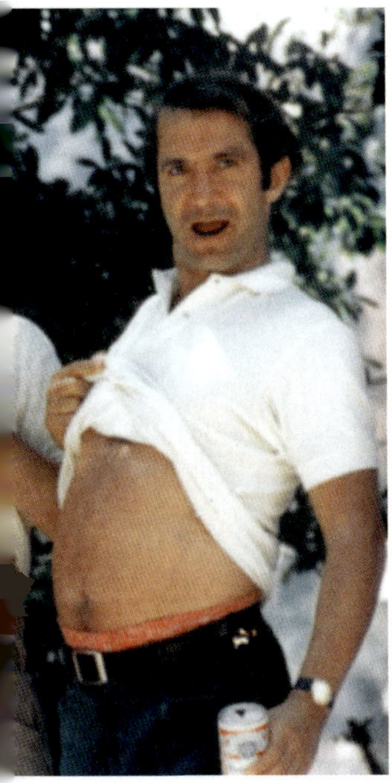

Les prises de vues ont lieu à Malte et, un soir, Oliver ne trouve rien de plus malin que de dépenser 400 livres d'alcool dans un bar de La Valette, la capitale de l'île. Il tombe raide sur le plancher, victime d'une crise cardiaque. Ridley Scott parvient à tourner la fin de son film et la mort de Proximo (déjà prévue dans le script) en incrustant le visage de l'acteur défunt sur le corps d'une doublure à l'aide d'un expert en effets spéciaux.

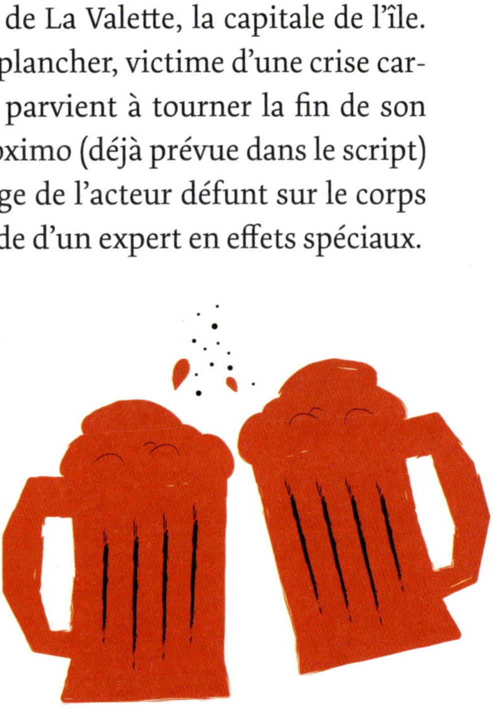

Ivresse

« C'est pas l'alcool qui me manque, c'est l'ivresse ! »

Jean Gabin dans *Un singe en hiver*

(Henri Verneuil, 1962)

« Juste un doigt »

Pendant que Serge Karamazov (Alain Chabat) urine, ivre mort, sur la piste de danse d'une discothèque cannoise, Odile Deray (Chantal Lauby) et le commissaire Bialès (Gérard Darmon) flirtent dans l'appartement de ce dernier. Passant derrière le bar, Bialès prend les affaires en main :

– Vous voulez un whisky ?

– Oh, juste un doigt !

– Vous voulez pas un whisky, d'abord ? »

Un classique de *La Cité de la peur* (Alain Berbérian, 1994) à savourer avec un whisky, comme il se doit.

Juste un doigt (bis)

Dans *Sept ans de réflexion* (Billy Wilder, 1955), Richard Sherman (Tom Ewell) coince son index gauche dans une bouteille de champagne alors qu'il voulait empêcher le contenu de sortir. « *The girl* » (Marilyn Monroe) tire alors désespérément sur le flacon pour dégager le doigt. Avec les diamants, le champagne était l'autre meilleur ami de l'icône. En 2012, une cuvée spéciale Marilyn Monroe a même été créée par JM. Gobillard & Fils, un vigneron champenois et un marchand de vin norvégien pour commémorer les cinquante ans de la mort de l'actrice.

Kelly, Grace

« Grace Kelly était une grande dame très drôle mais elle n'a jamais tenu l'alcool, en dépit de tous ses efforts. Son petit nez devenait rose, elle était malade, et il fallait se porter à son secours. »

Ava Gardner

Kung-Fu

« Qu'est-ce qu'il y a ? T'as la gueule de bois ? » Dans *Drunken Master* (Yuen Woo-ping, 1978), le maître des arts martiaux Wong Fei-hung (Jackie Chan) a besoin d'être totalement ivre pour terrasser ses adversaires et leur balancer cette vanne quand ils sont à terre. Combattant médiocre, il devient imbattable en apprenant la technique de l'homme ivre (zui quan), véritable style de kung-fu aux gestes inspirés par une personne éméchée. Le zui quan est également pratiqué par Jet Li (*Les Griffes d'acier*, 1993) et Keanu Reeves (*Matrix*, 1999).

Lait

Dans *Catwoman* (Pitof, 2004), Patience Phillips (Halle Berry), qui joue la féline héroïne, commande un White Russian « *sans glace, sans vodka ni Kahlúa* ». Du lait, donc.

Lambert, Christophe

« C'est sur *Highlander* que j'ai fait les plus belles fêtes de fin de tournage »

Après des débuts fulgurants (*Greystoke, la légende de Tarzan*, *Subway* et *Highlander*), l'acteur franco-américain a beaucoup fait la fête et est devenu homme d'affaires en investissant dans des vignobles bordelais et vauclusien. Même s'il ne boit plus d'alcool, il vient de lancer Immortal 1986, une vodka-hommage à Highlander et garde un souvenir ému du whisky partagé avec Sean Connery sur le plateau du film.

Comment vous est venue l'envie d'investir dans le vin ?

En 1997, j'ai créé la société Grap'Art avec Éric Beaumard, vice-meilleur sommelier du monde et en place à l'hôtel George V à Paris, où il règne sur une cave de 50 000 bouteilles. L'année suivante, nous avons pris 15 hectares en fermage dans le domaine Grand Ribe, à Sainte-Cécile-les-Vignes (Vaucluse), pour sortir une cuvée annuelle côtes-du-rhône villages, baptisée Les Garrigues. Il s'agissait d'une location en parcelles sur laquelle on versait des redevances. C'est plus rentable et moins contraignant que d'être propriétaire des vignes. En 2012, nous avons fait la même chose dans le Médoc, au Château Tour Séran, où nous produisions 40 000 bouteilles par an. Depuis, j'ai revendu mes parts dans ces deux affaires.

Aujourd'hui, vous réinvestissez dans le vin en ouvrant un hôtel à Beaune…

En 2016, j'ai tourné dans le film *Chacun sa vie*, de Claude Lelouch, à Beaune. C'est comme ça que j'ai rencontré l'ancien maire, qui m'a proposé l'achat d'un terrain et la construction d'un hôtel avec mon associé, l'homme d'affaires Michel Halimi. L'Hôtel de la Cité complète la Cité des vins et des climats de Bourgogne. Il compte 75 chambres, quatre étoiles, et fait partie du groupe InterContinental. L'idée est de boire, bien sûr, des vins de Bourgogne, mais aussi d'autres pays. Je trouve qu'il y a une diversité extraordinaire dans cette région, sur des espaces souvent très petits. Sur deux parcelles se touchant, on peut trouver des vins très différents. Alors qu'il y a une certaine uniformité dans le Bordelais.

Vous avez tourné à peu près partout dans le monde. On imagine que c'était l'occasion de faire des découvertes œnologiques ?

Effectivement. Un de mes meilleurs souvenirs reste le tournage du film *Le Sicilien* à Sutera, en Sicile. Son réalisateur, Michael Cimino, aimait le vin, et on tournait dans une propriété viticole. On buvait pas mal, surtout durant les week-ends… De nos jours, tout ça, c'est fini. Le vin est formellement interdit sur les tournages américains, espagnols ou italiens. Il n'y a qu'en France que c'est encore possible, car on imagine mal la « police du vin » venir faire un tour sur un plateau. Les assurances, à la rigueur… À l'époque où je tournais beaucoup ici, la coupure du déjeuner changeait tout. Ça allait toujours plus lentement après. Sur les deux films que j'ai tournés avec Claude Lelouch (en 2015 et 2017 – NDLA), on servait de l'alcool à midi.

Quels sont les tournages sur lesquels vous avez le plus bu ?

Incontestablement, sur les quatre *Highlander* ! Pour le premier, en 1986, c'était la première fois que j'allais en Écosse. Les assurances avaient totalement interdit l'alcool sur le tournage, mais les Écossais s'en fichaient. Ils ne buvaient pas à midi, mais s'enfilaient du scotch entre les scènes. Il y avait 1000 figurants pour les scènes de bataille et les épées étaient en fer. Le matin, ça allait, mais, l'alcool aidant, l'après-midi, ils se battaient vraiment. Après chaque prise, on entendait crier : « *Docteur !* », « *Infirmière !* » (*Rires.*)

Et vous, vous buviez ?

Pas trop la semaine, mais j'avais de belles gueules de bois les samedis et dimanches matin. C'est sur *Highlander* que j'ai fait les plus belles fêtes de fin de tournage. C'étaient vraiment des moments où tout le monde se lâchait. Il faut dire que Russell Mulcahy (le réalisateur des deux premiers films de la série – NDLA) était un bon fêtard australien. En plus, ces fêtes ont toutes eu lieu dans des pays différents : Écosse, Argentine, Canada, Angleterre.

Sean Connery avait 56 ans, à l'époque du premier. Il faisait encore la nouba, à cet âge-là ?

Moins que nous, bien sûr. Mais il nous a quand même régalés d'une bonne bouteille de scotch fait maison qu'un ami lui avait donnée. C'était une cuvée spéciale en l'honneur de Sean. Il nous a dit : « *Buvez ça, les gamins.* » On l'a bue tous les quatre, avec Russell et le producteur. C'était un whisky très fort. Sean était généreux avec les gens qu'il aimait. La première fois que je l'ai vu, c'était pendant les repérages du film en Écosse, dans les Highlands. Il m'avait emmené boire du scotch dans un pub du village de Glencoe. En bon Écossais, c'était un grand amateur de whisky de son pays, bien sûr. Il ne fallait pas lui parler de whisky japonais ! Cela dit, il n'était pas là lors de la plus belle fête de *Highlander*...

C'est-à-dire ?

Je ne sais pas si vous vous en souvenez, mais le groupe Queen a réalisé six chansons pour le film, dont « A Kind of Magic » et « Who Wants to Live Forever ». On s'est retrouvés un week-end dans la banlieue de Londres pour tourner leurs deux clips en équipe réduite. Freddie Mercury et les autres sont arrivés avec quinze heures de retard à cause d'une grève des trains. Ont suivi quarante-huit heures de bringue et de concerts privés ! Nous étions à peine quinze personnes, dont les quatre membres de Queen. Il y avait une scène construite exprès pour eux sur laquelle ils jouaient pendant que nous buvions. Donc Queen ne jouait que pour nous. Freddie Mercury a tellement aimé le film que, quand il l'a vu, il a décidé d'écrire tout un album, *A Kind of Magic*.

Un amateur de vin comme vous doit avoir une belle cave, non ?

Non, car je ne bois plus d'alcool. Mais je n'ai jamais eu de cave. J'ai vendu mon appartement parisien il y a trente ans et j'habite à l'hôtel, quand je viens en France. À une époque, dans ma maison de Los Angeles, on pouvait trouver des vins californiens. Mais, bien qu'excellents, je les ai toujours trouvés trop sucrés. Cela dit, les vins de Francis Ford Coppola sont très bons. À Hollywood, les producteurs de cinéma ont toujours été très friands de vins français.

Pourquoi avoir arrêté l'alcool ?

Pendant longtemps, j'ai eu l'habitude de boire de la vodka en fin de journée : un, deux, trois verres... De l'Absolut et de la Smirnoff, surtout. Puis, un jour de 2021, je me suis dit que j'avais épuisé le sujet de l'alcool. N'ayant plus de plaisir à boire, je ne voulais plus me forcer. C'est comme la cigarette, que j'ai arrêtée en 2017. Quand ça devient automatique, ce n'est plus un plaisir. Je ne bois plus, mais je suis encore capable de reconnaître un vin à l'odeur. Si je devais reboire de la vodka, ce serait de l'Immortal 1986, une marque que je lance en hommage à *Highlander*. Nous avons mis des lampes LED sous la bouteille, ça donne un côté festif. Je lance aussi Tropezian Forever, un thé alcoolisé à la cerise et à la menthe. Depuis que j'ai arrêté de boire, on ne me propose que des affaires dans l'alcool !

Léopold

Pendant que la chanson « The End » des Doors résonne, Martin Sheen danse en slip kaki dans sa chambre d'hôtel de Saïgon. Il fracasse un miroir avec son poing, se recouvre le visage de son sang et boit du cognac au goulot. Sommet de l'*Apocalypse Now* de Francis Ford Coppola (1979), cette scène fait référence au roi Léopold II de Belgique, qui fait partie des personnages du livre *Au cœur des ténèbres* (Joseph Conrad, 1899) dont le film est librement adapté. Léopold aimait tellement le cognac qu'il en fit la publicité sur des affiches.

Leos

C'est sur les 13 hectares de son domaine de Leos – contraction des prénoms de ses fils, Léon et Oscar – que Patrick Bruel a produit en 2022 sa première cuvée de rosé. Elle porte le nom de sa mère : Augusta. La revue spécialisée *Decanter* lui a attribué la note de 91/100 (à la cuvée, pas à sa mère). Situé à L'Isle-sur-la-Sorgue (Vaucluse), Leos est également connu pour sa production d'huile d'olive.

Loi Évin

Votée le 10 janvier 1991, cette loi porte le nom de son instigateur, l'ex-député de Loire-Atlantique Claude Évin. Elle interdit la publicité pour l'alcool dans les salles de cinéma françaises et surtout le placement de produits alcoolisés contre rémunération dans les films. Les marques n'ont également pas le droit de faire appel à des stars pour les promouvoir.

Lumière, SVP

Si vous visitez l'Institut Lumière, dans le VIIIe arrondissement de Lyon, ne manquez pas de faire un détour par le Café Lumière, situé en face du Hangar du Premier-Film. Du mardi au dimanche, le lieu vous abreuve avec une carte des vins unique en son genre. On y retrouve les productions de Francis Ford Coppola, Jean-Louis Trintignant, François-Xavier Demaison, José Garcia ou encore Brad Pitt. Le verre de Red Label Zinfandel 2018 de Coppola est à 7,90 euros. Rien d'apocalyptique, donc.

CAFÉ
LUMIÈRE

BIENVENUE

« LA CAVE DU CINÉMA »

Le Café Lumière propose de découvrir les vins de Francis Ford Coppola, Brad Pitt, Pierre Richard, François-Xavier Demaison, Laurent Gerra et Jean-Louis Trintignant.

ROUGES

Laurent Gerra

- AOP Vinsobres 2018, 14°
  - au verre, 12,5 cl .... **5,80 €**
  - au pot, 46 cl .... **20 €**
  - à la bouteille, 75 cl .... **34 €**
- AOP Moulin-à-Vent 2021, vieille vigne, 13°
  - au verre, 12,5 cl .... **5,90 €**
  - au pot, 46 cl .... **21 €**
  - à la bouteille, 75 cl .... **36 €**

Jean-Louis Trintignant

- Domaine Rouge Garance, AOP Côtes du Rhône village 2020, AB, 14,5°
  - au verre, 12,5 cl .... **5,90 €**
  - au pot, 46 cl .... **21 €**
  - à la bouteille, 75 cl .... **35 €**

François-Xavier Demaison

- Domaine Mirmanda, Cibelle 2021, AB, 13,5°
  - au verre, 12,5 cl .... **6 €**
  - au pot, 46 cl .... **21,50 €**
  - à la bouteille, 75 cl .... **36 €**

Francis Ford Coppola

- Californie, Diamond collection Red Label Zinfandel 2018, 13,5°
  - au verre, 12,5 cl .... **7,90 €**
  - à la bouteille, 75 cl .... **47 €**

BLANCS

Pierre Richard

- Le démon de l'évêque, Corbière IGP Pays d'Oc 2022, 12,5°
  - au verre, 12,5 cl .... **4,80 €**
  - au pot, 46 cl .... **18 €**
  - à la bouteille, 75 cl .... **28 €**

Laurent Gerra

- AOP Côtes-du-Rhône Villages 2021, 13,5°
  - au verre, 12,5 cl .... **5,80 €**
  - au pot, 46 cl .... **20 €**
  - à la bouteille, 75 cl .... **34 €**

ROSÉ

Coup de cœur de José Garcia

- Rosé Garcia 2021, AB, 12°
  en partenariat avec le restaurant les Niçois à Paris.
  - au verre, 12,5 cl .... **4,20 €**
  - au pot, 46 cl .... **14 €**
  - à la bouteille, 75 cl .... **24 €**

Brad Pitt

- Château Miraval AOP Côtes de Provence 2021, 13°
  - au verre, 12,5 cl .... **7,60 €**
  - à la bouteille, 75 cl .... **45 €**

L'abus d'alcool est dangereux pour la santé, à consommer avec modération

Madagascar

Saviez-vous que les pingouins boivent du champagne Cristal Louis Roederer ? C'est le cas dans le dessin animé *Madagascar*, sorti en 2005. Commentaire de ses réalisateurs, Eric Darnell et Tom McGrath : « *C'est normal, les pingouins ont des goûts de luxe.* »

Magicien d'Oz (le)

Il paraît que le tournage de ce classique pour enfants, réalisé en 1939 par Victor Fleming, fut épique à cause du comportement des comédiens de petite taille qui incarnaient les Munchkins, habitants de la contrée imaginaire de Munchkinland. Vulgaires et lubriques, ils auraient poussé la Metro Goldwyn Mayer à camoufler les traces de leurs soirées de débauche dans les bars d'Hollywood. C'est nain porte quoi.

Malkovich, John

Depuis une quarantaine d'années, l'acteur d'*Un thé au Sahara* (Bernardo Bertolucci, 1990) possède une maison dans le village de Lacoste (Vaucluse). Nicoletta Peyran, l'épouse de John, l'a convaincu de créer son propre vin, Les Quelles de la Coste, en plantant quatre hectares de vignes. Chaque année, environ 18 000 bouteilles sortent de son domaine. Il produit cinq cuvées, notamment en assemblage cabernet sauvignon et pinot noir, des cépages rares dans la région. Les premières vendanges du couple ont été mises en bouteille en 2011… mais n'ont jamais été vendues. « *Nous nous consacrions à notre vin avec un tel enthousiasme que nous avons complètement oublié d'enregistrer notre domaine en tant que société*, se souvient le comédien. *Nous nous sommes donc retrouvés avec 16 000 bouteilles que nous n'étions légalement pas autorisés à vendre.* [26] » Aujourd'hui, 95 % sont destinés à l'exportation, ce que relativise Malkovich d'une boutade : « *Investir dans une affaire est, pour moi, la meilleure manière de perdre des millions.* [27] » Ici, il s'agirait plutôt d'en gagner : l'illustre revue œnologique *Decanter* a accordé la note de 95 sur 100 au millésime 2017 du vin phare de John, « Les 14 Quelles ». Cela vaut bien l'Oscar qu'il n'a toujours pas eu.

Mauvaise publicité

Dans *La Grande Bouffe*, le film scandale de Marco Ferreri, sorti en 1973, Philippe (Philippe Noiret) arrose son festin de champagne Perrier-Jouët. Sachant que le personnage finit par mourir d'avoir trop mangé, la maison se serait sûrement bien passée d'une telle publicité. Elle n'a d'ailleurs pas de chance avec le cinéma. Quelques décennies plus tard, dans *Inglourious Basterds* (2009), Quentin Tarantino met en scène des nazis en train de siroter une cuvée Belle Époque de Perrier-Jouët. Circonstance aggravante : cette cuvée n'existait pas encore pendant la Seconde Guerre mondiale, période à laquelle se déroule le film. Mais Perrier-Jouët n'est pas rancunière envers le septième art. Pour *Le Retour du héros* (Laurent Tirard, 2018), elle accepte de confectionner une bouteille cachetée de

cire, comme on le faisait en 1812, avec une fausse étiquette. Le personnage de Jean Dujardin s'en servira pour séduire une femme mariée.

26. Frank Van Der Auwera, « Le pari viticole réussi de John Malkovich dans le Lubéron », *Sabato*, 6 octobre 2020.

27. *Ibid.*

Meilleurs cocktails de cinéma

TOP 3 (subjectif)

Le Turquoise Blue

dans *Cocktail* (Roger Donaldson, 1988)

Au bar new-yorkais Cocktails & Dreams, Brian Flanagan (Tom Cruise) sera ravi de vous concocter ce classique. Après avoir fait tournoyer les bouteilles, il pourra même se déhancher lascivement sur « Hippy Hippy Shake », inusable tube des Georgia Satellites.

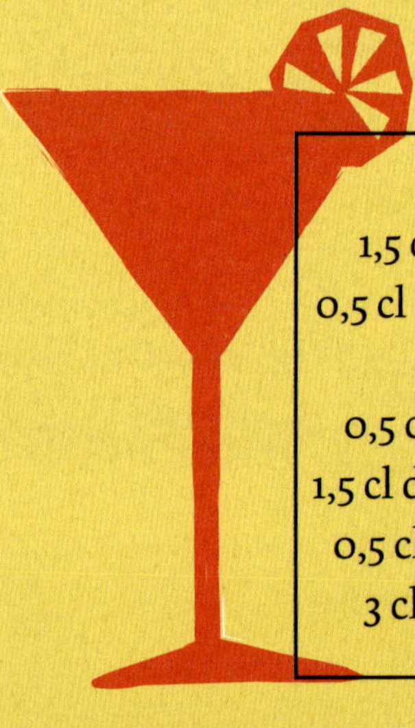

Acteurs

1,5 cl de rhum blanc
0,5 cl de liqueur d'écorce d'orange
0,5 cl de curaçao bleu
1,5 cl de jus de citron vert
0,5 cl de sirop de sucre
3 cl de jus d'ananas

Scénario

Verser tous les ingrédients dans un shaker avec des glaçons. Secouer énergiquement quelques secondes.
Servir dans un verre à Martini.

Le White Russian

dans The *Big Lebowski* (Joel Coen, 1998)

Après sa sortie, des fans avaient lancé la « Big Experience ». Il s'agit de boire un White Russian à chaque fois que Jeffrey Lebowski alias « le Duc » (Jeff Bridges) le fait dans le film. Donc neuf fois.

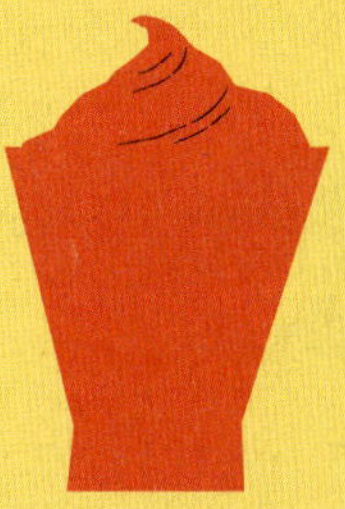

Acteurs

6 cl de vodka
6 cl de liqueur de café
6 cl de lait

Scénario

Dans un verre à whisky, verser tous les ingrédients sur des glaçons. Servir avec un bâtonnet mélangeur. Sans le lait, ce cocktail s'appelle un Black Russian.

Le Manhattan

dans *Certains l'aiment chaud* (Billy Wilder, 1959)

Bien que film se déroule en 1929 – en pleine Prohibition américaine – il est hors de question pour la troublante et ingénue Sugar Kane (Marilyn Monroe) de se passer de son Manhattan. Il aurait été créé en 1876 par la nettement moins troublante et ingénue Lady Randolph Churchill, maman de ce sacro-saint buveur de Winston.

Acteurs

4 cl de whisky
2 cl de vermouth rouge
0,5 cl d'Angostura

Scénario

Verser tous les ingrédients dans un shaker avec des glaçons. Remplir le verre en retenant la glace et ajouter une belle cerise confite.

Metteurs en vigne

Francis Ford Coppola

En 2021, le réalisateur de la trilogie *Le Parrain* (1972-1990) a vendu une partie des 105 hectares de son vignoble d'Inglenook (Californie) afin de produire son long métrage, *Mégalopolis*, dont le budget est estimé entre 100 et 120 millions de dollars. On peut dire que la boucle est bouclée, puisque c'est justement grâce à l'argent récolté par ses films que Coppola avait financé l'achat de ses premières vignes.

En 2006, il s'offre un second domaine californien dans la vallée de la Sonoma. Il achète du raisin en grandes quantités autour de sa propriété, ce qui lui permet de produire 12 milllions de bouteilles par an ! Et le business fonctionne à plein sur place : on peut manger au restaurant, visiter un musée où sont exposées des pièces tirées des tournages du maître ou encore apprendre à déguster. L'idée novatrice de Francis, c'est d'avoir laissé vieillir son vin, chose rare en Californie dans les années 1970. Son assemblage de cabernet sauvignon, de merlot et de cabernet franc est conservé pendant sept ans avant d'être commercialisé. Famille et affaires étant toujours liées chez les Coppola, la Winery produit aussi un vin effervescent baptisé Sofia, du prénom de la fille du cinéaste. Celle-ci a carrément épousé un fils de vigneron : le père de son mari, Thomas Mars (chanteur du groupe Phoenix), est Jean-Louis Croquet, qui officie à la tête du domaine varois Château Thuerry. En 2017, Francis recevait *Le Monde*, qui lui demandait si faire des films et des bouteilles, ça se ressemble. Réponse : « *Les deux activités sont le résultat de trois étapes identiques : la collecte des matières premières, l'assemblage et l'affinage de ces matériaux de base, et, enfin, la finalisation et la présentation au public. Si un film n'a pas d'histoire, ça ne marche pas.* [...] *J'ai été assistant-réalisateur, puis scénariste et, enfin, réalisateur. J'ai appris petit à petit. Le vignoble, c'est la*

même chose. [28] » Cette passion est aussi pour lui l'occasion de renouer avec ses racines familiales : « *Nous sommes des immigrants, des Italo-Américains, et je n'ai jamais vu une table sans vin. Mon grand-père avait sept fils. Tous ces oncles hauts en couleur racontaient des histoires. Ils nous expliquaient comment, pendant la Prohibition, un voisin leur apportait des raisins de la vallée de Napa pour fabriquer du vin dans leur appartement de Harlem.* [29] » De sacrés tontons bringueurs, en somme.

George Lucas

Inspiré au début des années 1990 par le succès de son ami Francis Ford Coppola, Lucas possède trois vignobles à travers le monde : le Summit Skywalker Ranch en Californie, le Viandante del Cielo en Italie et le Château Margüi en France. Ce dernier, situé dans le Var, juste à côté du Miraval de Brad Pitt, a été acheté en 2017 via sa société Skywalker Vineyards au directeur de Yahoo ! France. Lucas a depuis investi 15 millions d'euros pour le transformer en hôtel de luxe et améliorer la cave. La vigne est classée en AOC coteaux-varois-en-provence. Et le papa de Dark Vador peut contempler ses 115 hectares depuis le salon de son château du XVIIIe siècle.

28. Samuel Blumenfeld, « Francis Ford Coppola, la vie de château », *Le Monde*, 11 octobre 2019.

29. Justin Goldman, « Francis Ford Coppola on Winemaking », *Hemispheres*, 9 septembre 2020.

Ridley Scott

En 1992, à un kilomètre d'Oppède le Vieux (Vaucluse), le réalisateur anglais achète le mas des Infermières et ses 11 hectares de vignes, gérés par une coopérative locale. À l'époque, il est déjà amateur de vin : « *Quand j'étais enfant, l'ensemble de ma famille en buvait, mais il ne me semble pas qu'elle y*

portait un intérêt particulier. Aussi je ne me souviens pas si c'était du vin français, italien... Pour ma part, j'ai commencé vraiment à goûter des vins sérieux dans les années 1960, quand je me suis installé à Londres pour étudier les arts graphiques au Royal College of Art. À ce moment-là, il y a vraiment eu une révolution avec la cuisine italienne de Zia Teresa, un restaurant réputé qui était devenu très à la mode. Le vin servi était surtout un blanc italien qu'on appelait "verdicchio", du nom d'un cépage. C'était un blanc très léger produit dans la même région que le pinot grigio, plutôt dans le nord de l'Italie. [30] » En 2002, il décide de confier la production et la vinification du mas des Infermières à Denis Langue et Christophe Barraud, deux œnologues reconnus qui se concentreront sur la culture du grenache et de la syrah. Scott aime le vin, mais admet ne pas savoir le fabriquer : « *Je suis incapable de faire des assemblages. Mais, attention, j'ai tellement bu toutes ces dernières années que je sais faire la différence entre ce qui est bon, mauvais ou neutre. Je n'ai jamais prétendu avoir un "nez", mais, quand c'est bon, je le sais.* » Ancien étudiant en design, il dessine lui-même les étiquettes de ses

30. Laure Gasparotto, « Ridley Scott : "J'ai dessiné les étiquettes de tous mes vins" », *Le Monde*, 18 décembre 2022.

cuvées : Source, Chevalier, Ombre de lune… Près de 100 000 bouteilles sortent de ses caves chaque année et Sir Scott en boit chaque jour la moitié d'une, qu'il décante dans une carafe.

Millionnaire, couvert d'honneurs, Ridley a quand même un souci : il aimerait passer plus de temps en Provence, « *cet endroit magique* », et moins à Hollywood. Au mitan des années 2000, avec son copain et compatriote Peter Mayle – écrivain également installé dans le coin – ils ont une grande idée. Assis devant une bonne bouteille de vin, ils repèrent un article du *Times* sur les « vins de garage », ces cuvées produites en quantité réduite sur de petites surfaces et qui s'arrachent parfois à 45 000 euros la caisse. « *Écris un livre là-dessus et je le réalise* », suggère Ridley à Peter. Publié en 2005, le roman *Un bon cru* raconte l'histoire d'un trader londonien héritant d'un domaine provençal. Constatant que ses vignes produisent une vinasse infâme, il fait appel à un œnologue louche pour y remédier. Un an plus tard, *Une grande année* sort, avec Russell Crowe dans le rôle du trader et Marion Cotillard dans celui de son amoureuse. Les critiques sont assassines. *Télérama* regrette que « *le film nous inflige à peu près tous les clichés possibles sur les vertus du terroir versus la perversion de l'argent* ». *Les Inrockuptibles* fustigent « *une cata dans les grandes largeurs* ». Ridley Scott et Russell Crowe ont compris la leçon et se rattrapent l'année suivante avec *American Gangster*, carton au box-office. Depuis, faute de tourner à Oppède le Vieux, le metteur en scène a utilisé ses dollars pour rénover la cuverie du mas des Infermières en 2021 et la décorer avec des souvenirs de ses œuvres. On y trouve, entre autres, la combinaison d'astronaute de Matt Damon dans *Seul sur Mars*, les raquettes de tennis d'*Une grande année* et un casque maure de *Kingdom of Heaven*.

Luc Besson

Il est copropriétaire de deux domaines en Occitanie : celui de Senaux (appellation Saint-Chinian) à Mézeilles dans l'Hérault, et celui d'Alquier (AOP Faugères) dans les Pyrénées-Orientales où il a acheté trois hectares. Ce dernier joue avec les cépages carignan, grenache, mourvèdre et syrah. À Alquier, les vignes sont plantées à 160 mètres d'altitude avec un microclimat frais et abrité. Chaque bouteille est certifiée, soit par un IGP soit par une AOP. Elles vont du rouge fruité et gourmand à du blanc fin et élégant. Dans *Angel-A* (2005), Luc Besson rend hommage à son vin dans une scène de restaurant. André (Jamel Debbouze) manque de s'étouffer quand il constate qu'Angela (Rie Rasmussen) a commandé une bouteille de Cheval Blanc à 1 500 euros.

– C'est pas parce que c'est le plus cher que c'est le meilleur !

– Qu'est-ce que t'en sais ? T'es dans l'huile d'olive. »

André décide alors de commander le vin le moins cher de la carte : un Saint-Chinian.

Miraval (Château de)

Lorsqu'Angelina Jolie et Brad Pitt étaient encore en couple, monsieur avait coutume de dire que le château de Miraval (Var) était le seul endroit où Angie souriait. Les acteurs ont acheté le domaine en 2011 et s'y sont mariés trois ans plus tard. Sur 600 hectares, il comprend le château, une pinède, une oliveraie et, surtout, un domaine viticole de 30 hectares alangui sur les communes de Correns et Châteauvert.

« Brangelina » s'est associé à Marc Perrin, propriétaire du château de Beaucastel (Vaucluse). Leur cuvée de 2012 est le premier rosé classé parmi les cent meilleurs vins du monde par le magazine spécialisé *Wine Spectator*. Ce qui en fait alors logiquement le meilleur rosé du monde. Miraval fabrique environ 100 000 bouteilles annuelles en grenache, cinsault, rolle, syrah ou cabernet sauvignon. Du temps de leur splendeur, Brad et Angelina dégustaient les vins du domaine et exprimaient leur avis sur les assemblages. Paraît-il qu'ils cherchaient à leur donner des notes bourguignonnes, plutôt que californiennes. Et la légende veut que ce soit eux qui aient dessiné les étiquettes de leurs bouteilles. Depuis qu'ils ont divorcé, en 2019, Brad continue de gérer le vignoble avec Marc Perrin. Leur cuvée 2021, Studio by Miraval, rend hommage au studio d'enregistrement situé au-dessus du chai qu'il a fait restaurer en 2022. Pink Floyd y enregistra le mythique album *The Wall* (1979). Le site Web de Miraval nous apprend que « *Studio by Miraval est fortement influencé par les embruns et la proximité de la mer Méditerranée. Ces sols salins confèrent au vin un caractère unique et une finale presque iodée* ». Il ajoute qu'« *en bouche, ce vin se révèle ample et généreux avec des arômes fruités d'agrumes, de pamplemousse et de figue, parfaitement équilibrés par une jolie trame minérale* ».

Si Brad hérite d'une gueule de bois, ce ne sera donc pas à cause de son raisin, mais de son ex. En octobre 2021, Angelina Jolie a vendu ses parts du château, évaluées à 142 millions d'euros, au groupe viticole Tenute del Mondo. L'acteur avait préalablement déposé plainte auprès d'un tribunal californien, assurant aux juges que le couple était d'accord pour ne jamais céder ses intérêts respectifs dans le domaine sans le consentement des deux parties. Il n'a pas obtenu gain de cause.

Son nouveau copropriétaire est le milliardaire russe Yuri Scheffler, un oligarque a priori plutôt anti-Poutine qui possède la marque de vodka Stolichnaya. Avec Yuri, les choses ne se passent pas mieux qu'avec Angelina. C'est même pire. Le tsar de la vodka (c'est son surnom en Russie) accuse Pitt d'avoir dilapidé 60 millions d'euros et a lancé plusieurs procédures contre lui. Reprenez donc un peu de rosé, Brad.

Misogynie

« Il y a trois choses dans la vie que je ne supporte pas : le café brûlant, le champagne tiède et les femmes froides. »

Orson Welles

Mouton Rothschild

– Avec un tel festin, un bordeaux aurait mieux fait l'affaire.
– Hélas, monsieur, notre cave est plutôt pauvre.
– Mais le Mouton Rothschild EST un bordeaux.

James Bond (Sean Connery) comprend que le sommelier qui vient de le servir n'en est pas un. Il va maintenant lui faire la peau. Dans *Les diamants sont éternels* (Guy Hamilton, 1971), le Mouton Rothschild lui sauve donc la vie. Ce premier grand cru en appellation Pauillac était également prisé par John Huston, qui dessina son étiquette en 1982 en hommage à son « *très cher ami le baron Philippe* » de Rothschild.

Murricane

Le mixologue du bar The Anchor à New York a créé ce cocktail après avoir reçu la visite de Bill Murray.

À mélanger dans un shaker

6 cl de pastèque fraîche
4,5 cl de bourbon
2 cl de jus de citron
2 cl de liqueur de fleur de sureau
Poivre fraîchement moulu
Ajouter de la pastèque fraîche
et du basilic

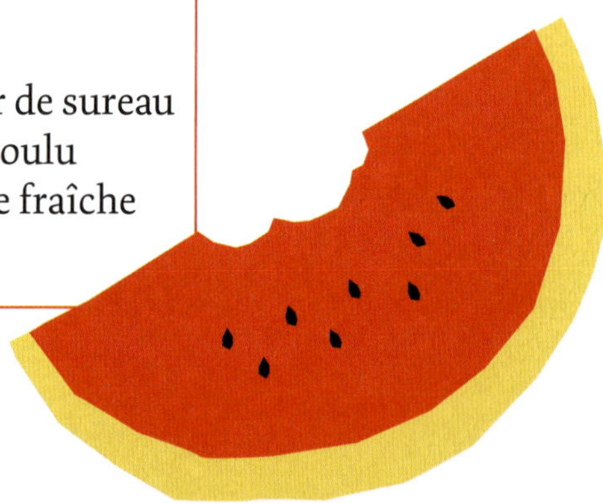

Niven, David

Cet ancien vendeur de spiritueux a vécu une scène traumatisante sur le tournage de *La Panthère rose* (Blake Edwards, 1963) à Cortina d'Ampezzo, dans les Alpes italiennes. Ayant bêtement skié par 35 degrés en dessous de zéro, Niven sent « *soudain une impression de néant à l'endroit précis où j'aurais dû avoir le plus chaud*[31] ». Victime d'engelures au pénis, il est conduit par des moniteurs de ski au bar de l'Hôtel de la Poste. Le barman remplit de whisky un ballon de dégustation et David part aux toilettes pour tremper dans le verre son « *gland bleu de froid* ». Il raconte la suite : « *La douleur fut atroce. Et c'est juste ce moment que choisit pour venir se soulager un noble milanais de ma connaissance. Il embrassa la scène d'un seul coup d'œil.* "David, *dit-il d'une voix horrifiée*, qu'est-ce que vous faites ? – Je pisse dans un verre à dégustation, *marmonnai-je entre mes dents serrées*. Je fais ça tout le temps." »

Notaire

Thomas Bravo-Maza, journaliste spécialisé dans le vin et caviste parisien, a confié au blog Di(s) vin ! cette anecdote mettant en scène Claude Chabrol : « *L'un de ses amis, charcutier à Saumur, récupérait des "caves de veuves" avec la complicité de notaires. Ces veuves voulaient se débarrasser de toutes ces bouteilles qui étaient, selon elles, responsables de la mort de leurs époux. Par cette astuce, Chabrol avait acheté un jour trois bouteilles de nuits-saint-georges 1945, qui avaient toutes été stockées au même endroit, étaient toutes issues du même vigneron, et avaient toutes été mises en bouteille au même moment. Toutes les trois se sont avérées être extrêmement différentes lors de la dégustation. La première étant bonne, la seconde extraordinaire, la troisième complètement loupée... Chabrol disait :* "Il n'y a pas de grands vins, il n'y a que de grandes bouteilles." »

---

31. David Niven, *Mémoires*, Séguier, 2021.

OSS 117 : Le Caire, nid d'espions

Larmina El Akmar Betouche (Bérénice Bejo) à Hubert Bonisseur de La Bath, alias « OSS 117 » (Jean Dujardin) :

– Je ne bois pas d'alcool, merci.

– Quelle drôle d'idée !

– C'est proscrit par ma religion.

– Quelle religion peut être assez stupide pour priver ses fidèles d'un tel plaisir ?

– La religion musulmane, soit celle de 90 % des habitants de ce pays.

– Ah, j'ignorais. Au temps pour moi.

Party (The)

Dans cette comédie réalisée en 1968 par Blake Edwards, Hrundi V. Bakshi (comédien indien joué par Peter Sellers) multiplie les gaffes, jusqu'à totalement faire dérailler la fête à laquelle il a été invité par erreur. La *party* en question finit en orgie alcoolisée dans laquelle un groupe de jazz joue recouvert par de la mousse, tandis qu'un poulet atterrit sur la coiffe d'une élégante. Hrundi V. Bakshi ne boit pas, mais il est magnifiquement épaulé par l'acteur Steve Franken en serveur ivre, déambulant comme un zombie au milieu des convives. « *Je l'adorais, je n'avais rien besoin de lui dire. Le meilleur ivre du cinéma !* » saluera plus tard Blake Edwards.

Pastis

Dans *Un éléphant, ça trompe énormément* (Yves Robert, 1976), Daniel (Claude Brasseur) console Bouly (Victor Lanoux) de sa récente rupture en jouant un faux aveugle dans une brasserie parisienne. Accompagné de Simon (Guy Bedos), il commande deux verres de pastis qu'il renverse par terre d'un revers de la main. Puis deux autres. Il entreprend ensuite de ravager le restaurant avec sa maladresse feinte et sa canne blanche. Daniel s'installe enfin au volant de sa voiture (jaune) et démarre en trombe. Bouly est mort de rire. Ça, c'est un bon copain.

Peckinpah, Sam

Au même titre que son modèle John Huston, le réalisateur américain de *La Horde sauvage* (1969) est un des plus grands buveurs que Hollywood ait connu. Pour les repérages de ses films, il se promenait avec une voiture au coffre rempli de bouteilles de bière et de glaçons et s'arrêtait consciencieusement dans tous les bars. Pendant les tournages, il carburait au whisky et était ivre du matin au soir. Sa réputation terrifiait les producteurs, et Peckinpah ne faisait évidemment rien pour les rassurer. Sur le plateau de *Pat Garrett et Billy le Kid* (1973), par exemple, il demande à son assistante de se déguiser en infirmière et de faire semblant de lui inoculer de l'alcool par intraveineuse. Une photo est envoyée au magazine *Variety*, qui la publie avec délice, au grand dam de la Metro Goldwyn Mayer. Pendant les prises de vue d'*Un nommé Cable Hogue* (1970), avec son acteur et ami Jason Robards, ils ravagent l'hôtel où loge l'équipe du film en se lançant des bouteilles au visage et en urinant dans les plantes vertes. Dans ce classique, Robards joue un prospecteur malchanceux qui découvre une source d'eau et fait payer sa consommation aux voyageurs assoiffés. C'est ce qui s'appelle un rôle de composition.

Père Noël

Santa Claus ivrogné à coups de vin blanc dans un bar de Rungis ? Alain Chabat a osé dans *Santa & Cie* (2017). Accompagnant Amélie (Golshifteh Farahani) sur l'immense marché de produits frais de la banlieue parisienne, l'homme à la barbe blanche est à la recherche de prune de Kakadu pour soigner ses milliers de lutins. Il se rend à la buvette du coin et sympathise (un peu trop) avec les habitués. Santa finit par tomber comme une souche, avant d'être traîné dans la camionnette d'Amélie en chantant « Mon beau sapin ». Chabat perpétue ici une tradition déjà bien établie dans le cinéma américain. Citons le personnage de Willie (Billy Bob Thornton), Père Noël accro au sexe et au whisky de *Bad Santa* (Terry Zwigoff, 2003), ou le Santa Claus de *Violent Night* (Tommy Wirkola, 2022) dans lequel David Harbour incarne un papa Noël blasé, alcoolique et… violent.

Peter Grosse Tôle

L'acteur irlandais Peter O'Toole était connu pour débarquer ivre mort sur les plateaux. Le cinéaste français Yves Boisset a assisté au tournage de *La Nuit des généraux* (Anatole Litvak, 1967) et raconté ce souvenir éthylique dans ses Mémoires : « *Lorsqu'Anatole Litvak venait lui demander s'il était prêt à tourner, il esquissait un geste d'assentiment, on l'aidait à se lever de sa chaise. Il se dirigeait en titubant jusqu'à sa place de départ. Et brusquement, lorsque Litvak criait :* "Moteur ! Action !", *un véritable miracle se produisait. En un instant, il mesurait 10 centimètres de plus. Son regard s'allumait comme une ampoule électrique. Ses gestes devenaient fermes, sa démarche décidée, son élocution digne de l'Old Vic Theater. Il jouait même la scène avec une incroyable énergie. À peine Litvak avait-il arrêté la caméra, O'Toole perdait 6 centimètres. Son œil s'éteignait. Il fallait le ramener à sa chaise sur laquelle il s'effondrait jusqu'à la prise suivante. Fascinant !* [32] »

32. Yves Boisset, *La vie est un choix*, Plon, 2011.

Petit Grégory

« Malou ! Nichons ! » Tous ceux qui ont vu *C'est arrivé près de chez vous* (Rémy Belvaux, André Bonzel, Benoît Poelvoorde, 1992) le savent : Chez Malou est une adresse peuplée de joyeux lurons. C'est dans ce café wallon qu'a été tournée la scène culte où Poelvoorde – affublé d'un col romain et d'une croix, ce qui laisse supposer qu'il vient de tuer un prêtre – apprend la recette du cocktail dit du « Petit Grégory » aux journalistes le suivant pour un documentaire. Le principe est simple : « *Une larme de gin, une rivière de tonic, et ensuite la petite victime. Composée d'une petite olive, d'un petit morceau de sucre et d'un petit bout de ficelle.* » Chacun immerge son petit paquet dans son verre et le premier qui remonte a perdu. « *Pour les quinze jours du tournage, on avait fait une fête chez Malou,* raconte Benoît Poelvoorde. *Dans le scénario, on avait prévu de changer le nom en "Taverne de l'enfant pendu". On voulait mettre un enfant pendu dans le décor… mais c'était un peu trop compliqué de pendre un enfant. Quand on s'est demandé quel cocktail inventer pour la fête,*

on s'est souvenu de Il était une fois en Amérique. *Dans ce film qu'on adorait, des gamins ont l'idée de jeter des cargaisons d'alcool attachées à des blocs de sel. Les caisses coulent et restent sous l'eau, cachées des flics. Puis le sel est dissous et la cargaison remonte. Et on s'est dit : si on faisait ça avec le petit Grégory ?* [33] » Ce clin d'œil à Sergio Leone se fait sur un monologue entièrement improvisé par Poelvoorde. Qui précise : « *J'ai toujours dit que c'était une boisson absolument immonde à ne pas faire ! Pourtant, des années après, des fans du film passaient des nuits à boire des Petit Grégory… C'est pas faute de les avoir mis en garde !* »

---

33. Adrien Gombeaud, « Benoît Poelvoorde : six visages et trente ans de cinéma », *Les Échos*, 25 janvier 2022.

Piscine

Les aficionados du film *La Piscine* (Jacques Deray, 1969) le savent : eau chlorée et picole font rarement bon ménage. Dans ce classique du cinéma français, Marianne (Romy Schneider) aime Jean-Paul (Alain Delon), qui le lui rend bien. C'est l'été et ils profitent langoureusement du bassin bleuté de leur maison de Saint-Tropez. Jusqu'au jour où Marianne a la malencontreuse idée d'inviter Harry (Maurice Ronet), son ancien amant, à les rejoindre... Un soir, Harry rentre ivre et Jean-Paul, qui avait arrêté l'alcool, se remet à boire avec lui. Ils se disputent, Ronet veut donner un coup de poing à Delon, le rate et tombe dans

la piscine. Alain empêche Maurice de remonter, le rejette à l'eau et le noie. C'est triste, mais ça n'est que de la fiction. Après la prise, Ronet et Delon sont certainement partis bras dessus, bras dessous s'en jeter un sur le vieux port de Saint-Tropez.

Dans la vraie vie, la même chose est arrivée à Bill Murray et l'écrivain Hunter S. Thompson, et le premier a réellement failli se noyer. En 1979, l'acteur américain joue le rôle de Thompson dans le film *Where the Buffalo Roam* d'Art Linson. Pour s'imbiber de son personnage, Bill ne quitte pas d'une semelle l'auteur de *Las*

Vegas Parano et *Rhum Express*. Un soir de « travail », les deux hommes sont assis complètement ivres de bières au bord de la piscine de Thompson à Woody Creek (Colorado). Ils débattent d'un sujet de la première importance : l'illusionniste Harry Houdini était-il un escroc ou un génie ? Pour répondre à cette épineuse question, ils ont passé la nuit à tenter de reproduire ses tours : Murray s'est fait recouvrir de terre avant de se libérer et son alcoolique acolyte s'est extirpé d'un cagibi. La sentence de Thompson est sans appel : « *Houdini n'a jamais rien eu d'un putain de génie ! Je l'emmerde !* [34] » Quand Murray défend pâteusement le magicien, Hunter s'empare d'une bobine de nylon et s'emploie à l'attacher sur sa chaise de fer forgé. Il balance un grand coup de pied dans son dossier et Bill coule tout au fond du bassin. La théorie de l'écrivain est simple : tout être humain voyant l'imminence de la mort est capable de fulgurances pour y échapper. Au bout d'une solide poignée de secondes, le comédien ne voit poindre aucune fulgurance, mais est au bord de l'évanouissement. Lâchant sa bière, son hôte se décide enfin à plonger et le libérer avec son canif. Alors qu'elle grelotte sous une couverture, sa victime lui fait part de l'inanité de sa thèse. Réponse de l'offensé : « *C'est la faute de ce nylon, il est à toute épreuve.* »

34. Yal Sadat, *Bill Murray. Commencez sans moi*, Capricci, 2020.

Placement de produits

En France, depuis la loi Évin de 1991, le placement de produits alcoolisés est interdit au cinéma. En revanche, tant qu'il n'y a pas rémunération, le réalisateur fait ce qu'il veut.

Aux États-Unis, la pratique est légale et les spectateurs français voient beaucoup d'oeuvres faisant indirectement la promotion de l'alcool. Des chercheurs américains de la Geisel School of Medicine ont passé au crible les 100 films américains ayant le plus marché au box-office entre 1997 et 2017. Ils ont constaté que les placements de produits augmentent chaque année de 5 %. L'alcool est présent dans 9 films sur 10 !

Le champion hors catégorie de la discipline est bien sûr l'agent 007. Depuis son apparition en 1962 dans *James Bond 007 contre Dr No* (Terence Young), l'espion a principalement goûté les champagnes Moët & Chandon et Bollinger. Il s'est aussi rincé la glotte à la bière Heineken, partenaire de la franchise depuis 1997, et pour laquelle Daniel Craig a joué dans des spots de publicité. Le brasseur aurait payé 45 millions de dollars pour figurer dans *Skyfall* (Sam Mendes, 2012).

Derrière ces placements se cachent des agences spécialisées, comme la française Hill Valley, qui arrose tout Hollywood. Elle a versé du champagne Piper-Heidsieck dans les coupes du *Café Society* de Woody Allen (2016) ou du vin Clarence Dillon dans le gosier de Julianne Moore dans *Gloria Bell* (Sebastián Lelio, 2018). « *Nous devons comprendre le brief du client et trouver le bon écrin au bon moment*, explique Éric Nebot, fondateur de Hill Valley. *Par exemple, je ne propose jamais à une marque d'alcool de s'associer à une scène où le héros noie son chagrin dans la boisson.* [35] » Et pas question de culpabiliser Éric avec l'éthique du placement de produits : « *Ce n'est pas un gros mot pour moi. Imaginez une scène où des gens boiraient un verre autour de bouteilles anonymes… Ce n'est pas la vraie vie. Nous vivons dans un monde où nous sommes entourés par les marques. Les films doivent être le reflet de la vraie vie.* »

Trop heureuses de figurer dans des productions vues par des millions de spectateurs, les marques sortent souvent le chéquier sans savoir quelle place occuperont leurs produits. « *On paye pour avoir de la visibilité parce qu'on a les*

---

35. Marie Godfrain pour *The Good Life*, 8 juin 2020.

moyens, explique un cadre du cognac Hennessy. *Mais on ne sait pas ce qui va être mis dans un film spécialement. Par exemple, pour* Once Upon a Time… in Hollywood (2019), *on avait payé, mais on ne savait pas combien de temps ça allait durer, ça reste la liberté de l'auteur et du studio, du producteur même.* » Dans ce chef-d'œuvre de Quentin Tarantino, l'agent Marvin Schwarz (Al Pacino) est au téléphone quand un serveur s'approche. Il lui demande alors un « *Hennessy XO on the rocks* ». C'est l'agence Hill Valley qui est à la manoeuvre : elle avait pu lire le scénario en amont et a proposé le cognac Hennessy à la production. Le jour du tournage, elle a même conseillé l'accessoiriste de la scène sur le nombre de glaçons à mettre dans le verre et son niveau de remplissage !
En France, la loi Évin interdit aux marques de débourser de l'argent pour apparaître sur grand écran, mais elles peuvent offrir gracieusement leurs produits. Sur son site Web, l'agence spécialisée dans le placement Marques & Films s'enorgueillit ainsi d'avoir placé le vin Château Guadet, grand cru de Saint-Émilion, dans *Le Trésor du Petit Nicolas* (Julien Rappeneau, 2021). Ou le champagne Deutz dans *Aline* (Valérie Lemercier, 2021).

Postérité

Ils aimaient tellement l'alcool qu'ils ont fini par inspirer les mixologues et donner leur nom à un cocktail. Et si c'était leur plus bel héritage ?

Le Steve McQueen

Mélanger dans un verre :
3 cl de scotch
3 cl de mezcal
1,5 cl de sirop d'agave
1 pincée de zeste d'orange
Glaçons
Presser et ajouter en garniture une grosse tranche de pamplemousse

Le Marilyn Monroe

Mélanger dans un shaker :
12 cl de champagne
2,5 cl d'eau-de-vie de pomme
0,5 cl de grenadine
Ajouter 2 cerises

Le Charlie Chaplin

Mélanger dans un shaker :
4 cl de Gin Sloe
4 cl d'eau-de-vie d'abricot
4 cl de jus de citron vert
Glaçons
1 spirale de citron vert

Le Ginger Rogers

Mélanger dans un shaker :
6 cl de gin
6 cl de soda au gingembre (Ginger Ale)
2,5 cl de sirop de gingembre
3 cl de jus de citron
Feuilles de menthe
Poivre

Pour de faux

La plupart du temps, les comédiens ne boivent pas vraiment pendant les scènes où ils portent un verre à leurs lèvres. Du vin ou de la bière à la rigueur, mais les alcools « blancs » (tequila, gin, vodka…) sont généralement remplacés par de l'eau, et le whisky par du thé tiède. Même le thé glacé peut devenir de la bière grâce à l'acide carbonique. Et le vin être inoffensif si on lui substitue du jus de raisin. Il existe évidemment des exceptions et certains n'hésitent pas à picoler pour de bon à l'écran. C'est le cas dans *Les Dents de la mer* (Steven Spielberg, 1975). L'acteur britannique Robert Shaw y incarne Bart Quint, le bourru chasseur de requins sur le bateau duquel embarquent Martin Brody (Roy Scheider) et Matt Hooper (Richard Dreyfuss). Dans une scène, les trois personnages se réunissent pour s'enivrer au whisky dans le carré. Spielberg raconte : « *Nous l'avons tournée deux fois. La première fois, Robert est venu me voir et m'a dit :* "Tu sais, Steven, ces trois personnages ont bu et je pense que je pourrais faire un bien meilleur boulot si tu me laissais prendre quelques verres avant que je dise mon texte." *Et je lui ai donné imprudemment la permission. […] Je suppose qu'il a bu plus que quelques verres, parce que deux membres de l'équipe ont dû le transporter sur le plateau et l'aider à s'asseoir. J'avais deux caméras et nous n'avons jamais réussi à tourner. Il était trop parti. J'ai donc tout remballé. […] Vers 2 heures du matin, mon téléphone sonne et c'est Robert. Il a eu une panne totale et n'a aucun souvenir de ce qui s'est passé ce jour-là :* "Steven, dis-moi que je ne t'ai pas embarrassé." *Il était très gentil, mais paniqué :* "Vas-tu me donner l'occasion de refaire la scène ?" *J'ai répondu :* "Oui, dès que tu seras prêt, nous la referons." *Le lendemain matin, il est arrivé sur le plateau à 7 h 30 et il a tourné aussi bien que l'aurait fait Laurence Olivier.* [36] »

36. Quint, « Steven Spielberg and Quint have an epic chat all about JAWS as it approaches its 36th Anniversary! », Ain't It Cool News, 6 juin 2011.

Publicités

Alain Delon X cognac Rémy Martin Japon

Une mer d'huile, un bateau de croisière, quelques notes de piano, Alain qui apparaît de profil, tourne la tête, débouche une bouteille de Rémy Martin VSOP supérieur. Puis le voilà assis dans son beau costume gris, une main de femme posée sur son épaule : « *Rémy Martin, pour moi, c'est le meilleur.* » Pour nous, c'est toi le meilleur, Alain.

Gérard Depardieu X la vodka biélorusse

Depuis 2019, l'acteur prête son nom à cette vodka biélorusse. Le site de la marque nous apprend que Gérard « *s'est personnellement impliqué dans l'élaboration de cette nouvelle vodka. Il est allé vérifier la qualité des blés et des maïs utilisés directement dans les champs de la campagne biélorusse. Il a pris le temps de partir à la rencontre de la source qui fournit l'eau. Il a directement participé à sa création avec un maître-distillateur, en y ajoutant sa touche personnelle.* » Et pourquoi ? Parce que « *son père était communiste et écoutait Radio Moscou* ».

Ridley Scott X cognac Hennessy XO

En 2019, le papa d'*Alien* réalise *Seven Worlds*, un court-métrage dans un univers fantasmagorique peuplé de géants et d'androïdes. Quel rapport avec le cognac ? Honnêtement, on n'en sait rien.

Jude Law X Johnnie Walker

En 2014, l'acteur de *Capitaine Sky et le monde de demain* a joué dans une série de courts-métrages pour promouvoir le Blue Label du whisky. Réalisée par Jake Scott, le fils de Ridley, elle raconte l'histoire d'un pari entre lui et le comédien Giancarlo Giannini, dont le vainqueur s'emparera d'un yacht d'exception. Jude est fin prêt pour un biopic de Johnnie Walker.

Orson Welles X le whisky Nikka

Quelques arpèges de piano, la voix grave d'Orson et ce constat : « *En matière de cinéma, la perfection est impossible à atteindre. En matière de whisky, c'est possible.* » Et en matière d'acting, Welles a fait mieux. Notamment pour le champagne californien Paul Masson dont il sera un zélé laudateur… même s'il était parfois aussi rempli d'alcool que la bouteille qu'il promouvait.

Martin Scorcese X Freixenet

En 2007, la marque de vin mousseux espagnol s'est payé les services du maître de chai de *Casino* (1995) et des *Affranchis* (1990). Diffusé sur le Web, l'étrange court-métrage *The Key to Reserva* montre Martin Scorsese retrouvant un script original d'Alfred Hitchcock auquel il manquerait une page et qu'il se propose de tourner. Le reste est une suite de références à des films d'Hitchcock : *Les Enchaînés*, *Le crime était presque parfait*, *La Main au collet*… Martin se serait-il simplement fait mousser ?

« Qu'est-ce que c'est que cette merde ? »

Curieux, Popeye (Thierry Lhermitte) s'enquiert de la nature du breuvage avec lequel il est en train de s'étrangler. Le monsieur au gilet d'un bleu pâle douteux est ravi d'éclairer sa lanterne :

– C'est de la liqueur d'échalote relevée au jus d'ail. Parce que l'échalote toute seule, ça serait trop fade.

– **Ça déboucherait un chiotte** ! constate Jérôme (Christian Clavier).

– **Ah, c'est goûtu, hein ? Ça a du retour,** s'étonne Gilbert (Bruno Moynot).

Nous sommes à la fin des *Bronzés font du ski* (Patrice Leconte, 1979) et lesdits Bronzés se retrouvent dans la ferme de deux montagnards qui ont secouru Jean-Claude (Michel Blanc), Nathalie (Josiane Balasko) et Gigi (Marie-Anne Chazel). Quelques minutes plus tôt, Jérôme aussi était curieux :

– Dites-moi, comment vous faites pour faire rentrer le crapaud à l'intérieur de la bouteille ?

– Ah, alors ça, on le fait sécher et puis il devient tout fin. Alors, il rentre. Et puis après, avec l'humidité, il gonfle.

Tournée dans une bergerie – choisie par Patrice Leconte parce qu'elle était « *crade* » –, cette séquence a été pensée comme un hommage à la scène de la cuisine des *Tontons flingueurs* (Georges Lautner, 1963). La dégustation de la liqueur de crapaud a dû être refaite vingt fois, car le chef opérateur, Jean-François Robin, ne pouvait réprimer ses fous rires devant les mimiques de dégoût de Michel Blanc et Gérard Jugnot. On les comprend : Jugnot avouera plus tard qu'ils buvaient de la vraie liqueur sur le plateau. En revanche, la bouteille au crapaud captif est remplie d'eau. Le batracien en plastique y a été introduit en découpant le cul du contenant qui a ensuite été recollé.
Sachez également que les deux paysans sont joués par des comédiens suisses. Le gilet bleu pâle s'appelle Maurice Aufair et celui qui a un bonnet marin, Jean-Marc Henchoz. C'est lui qui donne ce conseil à ses invités : « *Faut le boire d'un cul sec. Sinon ça vous brûle la langue.* » Pour l'anecdote, Henchoz deviendra producteur de cinéma et montera le film *L'Argent* de Robert Bresson, six ans plus tard. Et si vous voulez vraiment tout savoir, la recette du crapaud dans la liqueur d'échalote est également décrite dans la version théâtrale du *Père Noël est une ordure*, créée quelques mois après le tournage des *Bronzés font du ski*. Bref, comme le dit le personnage de Maurice Aufair, « *c'est pas une boisson pour mauviettes* ».

Ratatouille

Dans le film d'animation signé Brad Bird (2007), le très redouté critique culinaire Anton Ego se fait ouvrir une bouteille de Château Cheval Blanc 1947. Ce grand cru de Saint-Émilion accompagne « *l'idée neuve* » demandée par Ego à Linguini, le chef du restaurant parisien Chez Gusteau. En l'occurrence, une ratatouille qui va bouleverser Anton en lui rappelant celle que sa maman lui préparait lorsqu'il était enfant. Il faut savoir que 1947 est considéré comme le millésime du siècle pour le Château Cheval Blanc. Lors d'une vente aux enchères en 2010, une impériale (six litres de contenance) de ce vin a été adjugée pour 282 000 euros.

« Rentrons ça avant qu'y'n pleuve ! »

À la 36e minute d'*Archimède le clochard* (Gilles Grangier, 1959), M. Pichon (Bernard Blier), nouveau propriétaire du bistrot favori d'Archimède (Jean Gabin), se met en tête de rabattre le caquet de cet insolent habitué. Dans l'arrière-boutique, il lui prépare un « *spécial de la réserve au père Grégoire* », du « *Tapanel supérieur* » coupé au Mirror, un solide détergent. Quand il y goûte, quelques minutes plus tard, voici le verdict du clochard céleste : « *Il manque un peu de moelleux, ça doit être un coupage. Mais il est tonique, on le sent descendre. À la bonne nôtre et rentrons ça avant qu'y'n pleuve !* » Les dialogues sont de Michel Audiard, mais on mettra la réplique au crédit de Gabin, grand gouailleur parmi les gouailleurs. Pourquoi ? Parce qu'il dégaine vingt-trois ans plus tôt la même dans *La Belle Équipe* (Julien Duvivier, 1936).

Repas trop arrosés

Quand le cinéma nous montre un repas cerné de bouteilles sur grand écran, c'est généralement pour mieux le faire partir en vrille. Illustrations avec cinq agapes très gênantes.

1 Festen

(Thomas Vinterberg, 1998)

On le sait peu, mais, au début des années 1990, le Danemark occupait la première place européenne en nombre de bouteilles bues par personne. Thomas Vinterberg, lui, le sait. Dans son film choc, Christian Klingenfeldt (Ulrich Thomsen) profite de l'anniversaire de son père, Helge (Henning Moritzen), pour faire un petit discours. Les verres de vin vides trônant devant lui indiquent qu'il a consommé une (ou plusieurs) des 250 000 bouteilles produites chaque année dans son pays. Christian révèle alors que lui et sa sœur jumelle ont été violés par leur paternel… « *Dans* Festen,

l'alcool participe d'un rituel qui permet d'accélérer la confrontation entre les personnages, explique Thomas Vinterberg. *Il ouvre le chemin de la catharsis, libère la parole et les pulsions, la mémoire aussi, pour le meilleur ou pour le pire.* [37] » Le pire, donc.

2 Underground
(Emir Kusturica, 1995)

Une mariée qui vole au-dessus du banquet, un singe qui picole du vin rouge, un orchestre de cuivres monté sur un manège, la femme de Mirko (Miki Manojlović) qui, ivre, allume tout le monde, les verres de rakija (eau-de-vie de fruits fermentés produite dans les Balkans et titrant 50 degrés) qui trouvent trop vite le chemin des gosiers… La scène du

mariage de Jovan (Srđan Todorović) dans *Underground* est un modèle de noces barbares. C'est en partie grâce à elle qu'Emir Kusturica a remporté sa deuxième Palme d'or cannoise après celle obtenue en 1985 pour *Papa est en voyage d'affaires*. Connaissant Papa, il avait sûrement ramené de la rakija.

37. Laure Gasparotto, « Thomas Vinterberg : "Dans mes films, l'alcool crée de la vie" », *Le Monde*, 29 janvier 2021.

3 Scarface
(Brian de Palma, 1983)

« Elle veut même pas baiser avec moi tellement elle est dans le coma. » Tony Montana (Al Pacino) est un type qui a le sens des affaires, mais pas celui de la délicatesse. Plein de vin rouge (le plus cher, bien sûr) dans le restaurant le plus chic de Miami, le réfugié cubain s'en prend à sa seconde femme, Elvira (Michelle Pfeiffer), au moment du digestif.

S'adressant à son ami d'enfance, Manny (Steven Bauer), Tony estime que son épouse est infertile à cause de sa consommation (il est vrai, excessive) de cocaïne. Résultat, devant la bonne société floridienne, Elvira lui sort ses quatre vérités et le quitte : «*J'en ai ras le cul de toute cette merde.*» Notons que ce n'est pas le vin qui rend vulgaire : les époux Montana l'étaient bien avant d'en boire.

4 Vincent, François, Paul et les autres...
(Claude Sautet, 1974)

«Je ne vais pas entendre des conneries toute ma vie. Recevoir des leçons imbéciles jusqu'à la fin des temps. [...] Je vous emmerde tous, avec vos dimanches et vos gigots à la con.»

OK, François (Michel Piccoli) n'est pas ivre mort dans cette scène. Mais les verres à moutarde remplis de vin rouge et les bouteilles débouchées jonchant la table témoignent d'un repas déjà bien humidifié. Et ce provocateur de Paul (Serge Reggiani) qui, tout en se servant une bière, en rajoute en rappelant les années où François était vraiment de gauche... Étonnez-vous que Piccoli quitte le déjeuner en insultant tout le monde. Il refera le coup vingt-cinq ans plus tard dans *Rien sur Robert* (Pascal Bonitzer, 1999), où il pourrit Fabrice Luchini : « *Vous êtes un voyou des lettres.* »

5 Sans filtre

(Ruben Östlund, 2022)

La Suède n'a rien à envier au Danemark de *Festen* en termes de descente. La Palme d'or 2022 campe une croisière de luxe fréquentée par une sacrée brochette de nouveaux riches : des mafieux, des marchands d'armes, des parvenus barbotant dans le milieu de la mode... Tout se passe bien jusqu'à un « dîner du capitaine » copieusement arrosé de champagne. Ajoutez à cela du caviar et une tempête d'anthologie et vous obtenez une des plus belles scènes de vomi du cinéma. Beurk.

Richard, Pierre

Le grand blond avec une chaussure noire a acquis en 1986 le domaine de l'Évêque à Gruissan (Aude). Vingt hectares de vignes en appellation corbières, dont son fils a repris les rênes en 2019 et qui produit jusqu'à 80 000 bouteilles par an. Ironiquement, il l'a acheté parce qu'il est entouré d'étangs et qu'il a une fascination pour l'eau. Vigneron, il devient schizophrène : « *En tournage,*

il m'arrivait de dire : "Pourvu qu'il ne pleuve pas, on a une scène dehors." *Et dans la foulée :* "Il n'a pas plu depuis des mois dans les vignes, pourvu qu'il pleuve !" [...] *Quand je suis arrivé, on a replanté douze hectares sur vingt. Au bout de quelques années, un de nos vins a reçu une médaille d'or à un concours. J'avais compris que pour faire le meilleur vin, il faut le meilleur raisin. Annie Girardot me disait que pour le pot-au-feu, il faut la meilleure viande. J'ai appliqué son conseil au vin. Je ne voulais pas qu'on me dise : restez dans le cinéma ! À partir du moment où je prends la responsabilité d'avoir une propriété viticole, j'essaie de l'assumer. J'y étais trois mois par an. Et plus je regardais mes vignes, plus j'avais d'empathie. Comme si c'était des enfants. On dit que les vignes d'ici sont des guerrières, car rien d'autre ne peut pousser, il peut y avoir trois à quatre mois sans eau. Elles sont si fragiles et si amazones. Je trouve ça très beau.* [38] »

Évidemment, sur les tournages, il partageait cette passion avec l'ami Gérard Depardieu : « *À l'époque, on en buvait plus qu'on en parlait ! On avait acheté des "verres de travail" et on faisait des montées chromatiques : des vins de Loire jusqu'aux grands bordeaux. Il parlait vaguement d'acheter, mais, sur ce point, j'ai réussi à le devancer. Récemment, il m'a dit qu'il fallait planter des cépages méditerranéens dans la Loire. Pour l'instant, je suis bien, mais reste très attentif au changement climatique.* [39] »

Pierre profite aussi de ses tournages ou promotions à l'étranger (Ukraine, Belgique, Allemagne, Canada...) pour se faire l'ambassadeur de sa marque. Comme il est une star en Russie, son domaine figure même sur les programmes de visite de certains tour-opérateurs de ce pays.

Et on a gardé le meilleur pour la fin. Voici comment Pierre est devenu un véritable amateur de vin. Alors qu'avec Depardieu ils tournent *Les Fugitifs* (Francis Veber, 1986), ils doivent se cacher du peu fêtard metteur en scène pour picoler. Les bouteilles sont dissimulées sous des coussins, dans des bosquets... Ils sont ravitaillés par un copain de Depardieu qui rêve d'être caviste. Sympas, les deux acteurs lui avancent les fonds pour ouvrir sa boutique. Quelques années plus tard, ils sont remboursés en bouteilles de vin et Richard se constituera une énorme cave en trois mois, à coups de cartons de bordeaux.

38. Ophélie Neiman, « Pierre Richard : "Je ne voulais pas qu'on me dise : restez dans le cinéma !" », *Le Monde*, mars 2021.

39. *Ibid.*

Rio Bravo et autres films cultes sur l'alcoolisme

TOP 10

1 Rio Bravo
(Howard Hawks, 1959)

À Rio Bravo, le shérif adjoint Dude (Dean Martin) est surnommé « *Borrachón* » (« poivrot »). Dans la première scène du film, torse nu sous sa veste déchirée, il entre dans un saloon. Le vilain Joe Burdette (Claude Akins) lui jette un dollar dans un crachoir pour se payer un verre de whisky. Le reste appartient à l'histoire du cinéma.

2 Boire et Déboires
(Blake Edwards, 1987)

« *Peut-être, il faudrait ne pas trop boire ?* » On avait dit à Walter Davis (Bruce Willis) de ne pas du tout servir Nadia Gates (Kim Basinger), sa cavalière d'un soir. Malheureusement pour lui, il n'a pas écouté. Une des meilleures partitions de Kim Basinger, dans le rôle d'une jeune femme allergique à l'alcool.

3 Barfly
(Barbet Schroeder, 1987)

– Qu'est-ce que vous faites dans la vie ?
– Je bois.

Henry Chinaski (Mickey Rourke) à Wanda Wilcox (Faye Dunaway)

4 Tchao Pantin
(Claude Berri, 1983)

Pompiste solitaire, Lambert (Coluche) ressasse la mort tragique de son fils drogué en enchaînant de grandes rasades de rhum Negrita. Alors quand son ami Youseff Bensoussan (Richard Anconina) s'allume un joint, il n'est pas content et lui assène une énorme gifle. Réaction courroucée du jeune homme : « *T'as vu ce que tu t'enfiles toutes les nuits, toi ? T'as vu avec quoi tu te shootes ? Tous les jours !* » Ben oui, Youssef, mais le rhum, c'est légal.

5 Le Poison
(Billy Wilder, 1945)

En filmant Don Birnam (Ray Milland), écrivain à la carrière noyée par l'alcool, Billy Wilder décroche quatre Oscars et la Palme d'or cannoise. C'est la première fois qu'Hollywood aborde l'alcoolisme sous un angle tragique et comme une réelle maladie. Jusqu'ici, le sujet était plutôt traité de façon humoristique.

6 La Chatte sur un toit brûlant

(Richard Brooks, 1958)

Dans une ville du sud des États-Unis, Maggie (Elizabeth Taylor) et

Brick (Paul Newman) se déchirent pendant que monsieur ravitaille son verre en glace. L'accroc au whisky ne se remet pas du suicide de son meilleur ami et de la fin de sa carrière de footballeur. Dans la pièce de théâtre originale de Tennessee Williams, Brick est homosexuel mais le scénariste l'a rendu hétéro. Gay et alcoolique, ça faisait beaucoup pour l'Amérique de 1958.

7 Leaving Las Vegas

(Mike Figgis, 1995)

Scénariste alcoolique, Ben Sanderson (Nicolas Cage) part à Las Vegas pour se suicider en enfilant au goulot des bouteilles de whisky, gin, bourbon, vodka, tequila… S'il avait écrit un scénario si malin, Ben serait encore vivant. Oscar 1996 du meilleur acteur pour Cage.

8 Betty
(Claude Chabrol, 1992)

Betty (Marie Trintignant) suit un homme qui l'emmène dans un bar nommé Le Trou. Pitch imparable, Chabrol mineur et prestation majuscule de Marie Trintignant.

9 Flight
(Robert Zemeckis, 2012)

Whip Whitaker (Denzel Washington) est pilote de ligne et réussit à faire atterrir son avion en catastrophe après une défaillance mécanique. Malgré tout, il est condamné à de la prison parce qu'il était ivre. Boire ou conduire, il faut choisir.

10 Le Feu follet
(Louis Malle, 1963)

Alain Leroy (Maurice Ronet) sort d'une cure de désintoxication alcoolique et la vie lui paraît bien fade. On ne s'avancera pas trop en disant qu'il ne s'agit pas d'un rôle de composition pour Ronet.

Robin Déboires

Inoubliable héros en collants verts des *Aventures de Robin des Bois*, Errol Flynn est aussi un des plus grands soiffards de l'histoire de Hollywood. Dans ses Mémoires, *Mes 400 coups*, il confesse avoir eu l'habitude de boire au moins un litre de vodka par jour : « *Alors que la plupart des choses finissaient par m'ennuyer, la vodka, jamais.* » Sur le tournage d'*À l'abordage* (George Sherman, 1952), Flynn surprend la comédienne, Maureen O'Hara, par sa pantagruélique consommation d'oranges. À cela, une explication : le metteur en scène lui ayant interdit d'amener de l'alcool sur le plateau, il avait injecté de la vodka dans les agrumes avant de les dévorer.

Rocco

En 2013, le jeune retraité des plateaux X Rocco Siffredi s'est associé à l'ex-pilote de Formule 1 Jarno Trulli pour lancer « Rocco ». Élaboré à partir du cépage montepulciano, c'est un rouge assez sec et aux tanins légers. « *Le vin a un profond érotisme, et avec la bonne personne il est capable de créer l'ambiance parfaite pour une nuit amusante* », déclarait Siffredi pendant la promotion de son jaja. À chacun son Viagra.

Ronet, Maurice

« J'adorais le côté "vieux poivrot" de Ronet. Il buvait énormément, mais il n'était jamais agressif. Maurice avait l'alcoolisme distingué. Quand il partait en virée des bars, on côtoyait l'hallucinant. Tout alors devenait possible et il atteignait les sommets d'une improvisation folle, quelques fois géniale. Entre Maurice et moi, une vraie amitié était née. [40] **»**

Claude Chabrol

40. Claude Chabrol et André Asséo, *Laissez-moi rire !*, éditions du Rocher, 2004.

Saint Amour

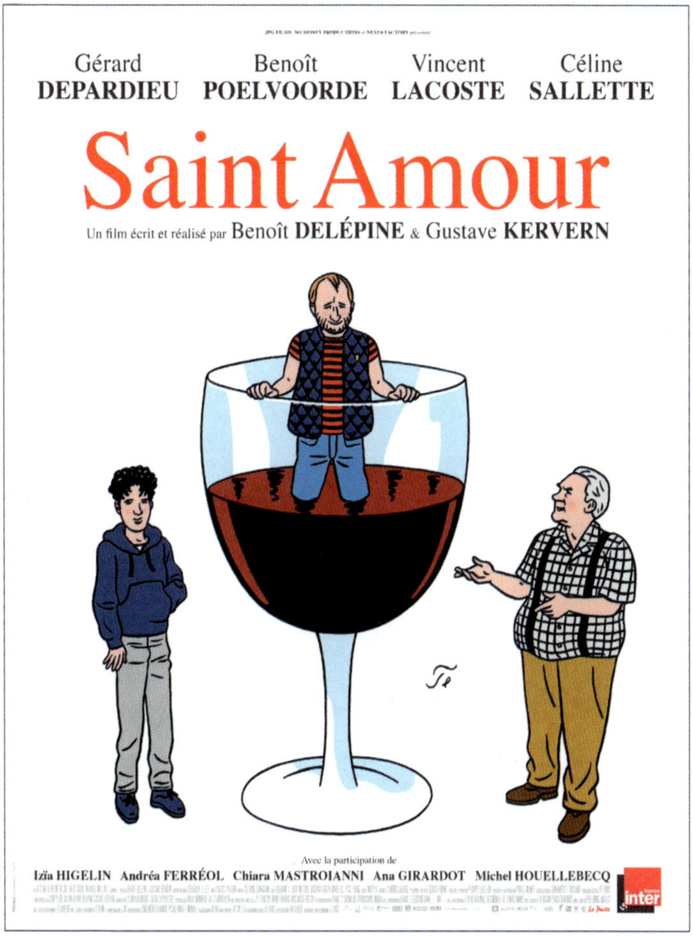

Dans ce film réalisé par Gustave Kervern et Benoît Delépine, Gérard Depardieu et Benoît Poelvoorde jouent un père et son fils lancés dans une ambitieuse route des vins. L'affiche dessinée par Floc'h montrant Poelvoorde debout dans un énorme verre de vin rouge n'a pas été jugée contraire à la loi Évin. « *Ce visuel ne promeut pas l'alcool en lui-même, mais une œuvre artistique dont l'un des éléments importants est l'alcool*, expliquait le directeur de l'ARPP (Autorité de régulation professionnelle de la publicité) au magazine *Première* lors de la sortie en 2016. *Le vin rouge est au cœur de l'intrigue, puisque le moteur de l'histoire, c'est la route des vins à laquelle participent les protagonistes. Ce dessin est donc un prolongement de l'œuvre cinématographique. L'affiche n'incite pas à boire de l'alcool. Bon, d'accord, on suppose que ces trois personnages vont consommer du vin dans le film, mais ce n'est pas montré explicitement sur ce dessin, on ne les voit pas avec le verre à la main. D'ailleurs, celui-ci est exagérément grand, c'est une représentation artistique qui peut avoir plusieurs sens.* [41] »

41. « Comment l'affiche de Saint-Amour échappe à la loi Évin », *Première*, 4 mars 2016.

Saoulé de coups

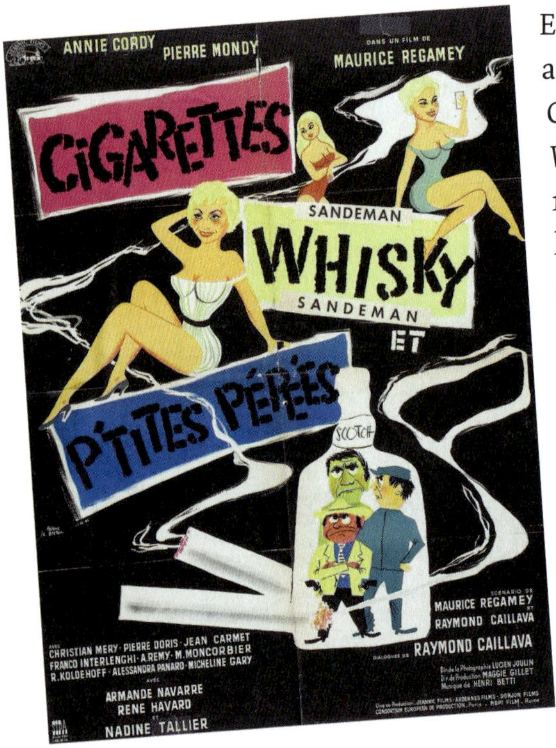

Entre 1953 et 1963, Eddie Constantine a interprété l'agent secret Lemmy Caution dans six films, dont *Cigarettes, Whisky et P'tites Pépées*. Interrogé en 1955 par la radio La Chaîne parisienne, l'acteur américain livrait une anecdote qui laisse à penser que, sur un plateau, il ne remplaçait pas le scotch par du thé tiède : «*Je bois 240 whiskies par film. Cinquante à soixante par bobine, ça compte à la fin de la journée. Évidemment, c'est bien payé, ça vaut mieux que de laver des voitures à Los Angeles.*»

Scarface

« Et Tony, n'oublie pas ce que je t'ai dit d'entrée de jeu. Les gars qui durent dans ce métier, ce sont les gars qui volent droit, pas de vague, tranquilles. Ceux qui veulent le Grand Chelem, chicas, champagne et frime, eux, ils dégagent ! »

Robert Loggia à Al Pacino
dans *Scarface* (Brian de Palma, 1983)

Schlass

« Il est possible que je sois schlass, mais Marcel, c'est mon pote. »
Attablés devant une bonne bouteille de poire, Marcel (Fernandel) et Jo (Michel Simon) s'ivrognent gentiment sous le regard goguenard de Loulou (Arletty). Dans *Fric-Frac* (Claude Autant-Lara et Maurice Lehmann, 1939), les deux derniers tentent d'escroquer le premier, vendeur dans une bijouterie. Ce morceau de complicité alcoolisé est un des sommets du film. Mais c'est un sommet en trompe-l'œil. Michel Simon et Fernandel ne se sont pas du tout entendus. Ils étaient rivaux en cabotinage et la tendance lourde qu'avait Simon à improviser agaçait prodigieusement son partenaire. Plus tard, Arletty confirmera s'être pas mal employée à calmer les tensions entre eux : « Fric-Frac *fut la rencontre de ces deux "gueules", mais ça n'a pas gazé. Fernandel n'a plus jamais voulu tourner une seule fois avec Simon. Vous imaginez, des acteurs comme ça qui ne se retrouvent pas, c'est grave malgré tout.*[42] »

Sécurité sociale

« J'ai essayé de faire financer une partie de mon film *Le Beau Serge* par la Sécurité sociale, car c'est une histoire d'alcooliques. Ils m'ont répondu que les alcooliques dans les campagnes ne les intéressaient pas, ils ne s'intéressent qu'aux alcooliques citadins. Ça ne pouvait pas se passer dans une ville, donc je n'ai pas eu de subvention. »

Claude Chabrol

42. Claudine Brécourt-Villars, *Les Mots d'Arletty*, Fanval, 1988.

« Shaken, not stirred »

« Au shaker, pas à la cuillère. » Les admirateurs de James Bond le savent : en matière de préparation de vodka-martini (4,5 cl de vodka, 1,5 cl de vermouth sec, un zeste de citron ou une olive, glaçons), l'agent 007 ne plaisante pas. Le cocktail doit être secoué au shaker et non agité par un quelconque ustensile. Signature forte de la franchise, la réplique est présente dans toutes les aventures depuis *Goldfinger* (1964). Les scénaristes n'ont fait que reprendre les livres de Ian Fleming dont elles sont adaptées. Dès le premier roman, *Casino Royale* (1953), Bond formule cette demande à un serveur. En 2006, dans le film éponyme, Daniel Craig, qui vient de perdre au poker, rabroue un malheureux barman :

« Au shaker ou à la cuillère ?

– Qu'est-ce que ça peut me foutre ? »

Concernant l'origine de cette punchline, il semblerait que Fleming était un habitué du bar du Dukes Hotel de Londres et qu'il y commandait toujours une vodka-martini préparée de cette façon.

Sideways

Vainqueur de l'Oscar du meilleur scénario adapté en 2005, ce film d'Alexander Payne narre les aventures d'un duo d'amis arpentant le vignoble californien avant le mariage de l'un d'eux. Il est tiré d'un roman signé Rex… Pickett.

Sierra torride

Hogan (Clint Eastwood) à Sœur Sara (Shirley MacLaine) dans ce film de Don Siegel en 1970 : « *Vous priez pour moi, maintenant ? Je dois être sacrément soûl, car je trouve ça touchant.* » Dix minutes plus tard : « *Dessoulez, espèce de salaud, ou je vous tue !* »

Soirée Underground

Le 28 mai 1995, Emir Kusturica décroche sa deuxième Palme d'or pour *Underground* et toute la Croisette se dit que ce serait bien dommage de ne pas célébrer ça. À la va-vite, une fête est organisée pour le soir même au Ciné-Guinguette, un bout de plage privatisée.

Coup de bol, a déjà été érigé là un chapiteau de cirque dans un esprit tzigane. Ce qui colle bien au CV balkanique d'*Underground*. Mais Kusturica et sa bande – une dizaine de personnes, dont sa femme, son fils, ses acteurs et plusieurs amis musiciens – doivent d'abord honorer le barbant dîner de clôture sur la plage du Carlton. Ils s'y ennuient tellement qu'ils picolent copieusement pour s'occuper. À 23 h 30, le « clan Emir » arrive enfin au Ciné-Guinguette et est installé dans un petit kiosque placé dos à la mer. Les musiciens jouent des airs traditionnels tziganes, le réalisateur et ses proches chantent à tue-tête et cette joyeuse compagnie serbe boit tout ce qui lui passe à portée de poignet. C'est open bar pour tout le monde et les serveurs ont vite les jambes lourdes à force d'enchaîner les allers et retours.

C'est le moment que choisit un quatuor de stars pour débarquer : Johnny Depp, Jim Jarmusch, Harvey Keitel et la maîtresse de cérémonie du festival, Carole Bouquet. Ils s'installent près des Serbes. Et c'est justement sous le petit kiosque que tout va partir en sucette. Comment ? Les hypothèses divergent. Une discussion politique aurait dégénéré, Kusturica aurait dragué lourdement Carole Bouquet, un garde du corps de Depp aurait agressé verbalement cette dernière…

Au cœur de l'embrouille, on trouve Pierre Edelman (producteur de *Mulholland Drive*), qui accompagne Bouquet. Il assure qu'un grand balèze ivre mort (Un Serbe ? Un gros bras de Depp ?) aurait touché la poitrine de l'ex-James Bond girl. Edelman serait intervenu pour retirer la main délinquante. Là, les coups commencent à pleuvoir et une bagarre générale éclate.

Chaises, flûtes de champagne, cannettes de bière, pots de mayonnaise… tout vole dans le ciel azuréen. Quand Carole Bouquet veut s'interposer, elle reçoit même un seau à glace non loin du visage ! Les deux plus motivés sont Kusturica et Lazar Ristovski, qui joue Blacky dans son film. « *Il aurait suffi d'un mot pour qu'Emir stoppe la baston, mais je le soupçonne d'y avoir pris plaisir*, explique Frédéric Comtet, cogérant de Ciné-Guinguette. *Je le revois encore, hilare, poursuivre un mec vers la plage pour lui mettre une droite, tandis que Johnny Depp, lui, se cache sous une table avec les enfants. C'étaient des Yougos, les mecs, des durs, pour eux, la bagarre faisait partie de la fête.*[43] »

Quand les couteaux sont sortis, que le sang gicle et que les robes sont déchirées, la police cannoise débarque et calme tout le monde. Miraculeusement, il n'y a pas de blessés graves. Quelques heures plus tard, le coproducteur d'*Underground*, Jean-François Fonlupt, prend le petit-déjeuner chez Emir. Le réalisateur a des bandes sur le bras, des hématomes et la gueule bien amochée. Face à Fonlupt qui s'émeut de le voir dans cet état, il le rassure : « *Mais non, t'inquiète, c'est ainsi que la fête est belle.* »

---

43. Romain Blondeau, « Festival de Cannes : Quand la fête était furieuse », Premiere.fr, 7 mai 2015.

Sonnez l'Angélus

Le Château Angélus, premier grand cru classé de Saint-Émilion, est devenu un acteur phare du cinéma français et mondial, apparaissant dans plus d'une trentaine de productions (*Casino Royale*, *La Môme*, *Dialogue avec mon jardinier*, *L'Immortel*, *Mon chien Stupide*…). Il est même bu au goulot par Michel Serrault dans *Albert est méchant* (Hervé Palud, 2003) ! Le Château Angelus doit sa bonne fortune au bien nommé Hubert de Boüard, son propriétaire, qui est fan de cinéma et aime accueillir les équipes de tournage dans son domaine : « *J'en ai reçu certains à la propriété pour leur faire visiter et goûter les vins. Parfois, ils me demandaient des bouteilles pour les mettre dans leur film. Je le faisais par sympathie* [44] », expliquait de Boüard dans *Le Monde* en 2021. Hubert est malin.

Soupe aux choux (La)

– C'est vrai qu'vous m'aimez bien, le Glaude ?!

– Oui, ma vieille Denrée !

– Ah, nom de Diou de nom de Diou ! Versez-moi un canon, le Glaude !

– Comment ?!

– Ba ti comprends ti pas ! Verse-moi un canon, nom de Diou !

44. Laure Gasparotto, « Au cinéma, le vin a le beau rôle », *Le Monde*, 4 mars 2021.

Star Trek : Generations

Dans le générique de début de ce film (David Carson, 1994), une bouteille de Moët & Chandon 2265 est lancée sur la coque de l'USS Enterprise NCC-1701. Comme dans *Le Petit Baigneur*, il s'agit d'inaugurer le vaisseau spatial.

Suntory

« *For relaxing times, make it Suntory time.* » Confortablement installé en smoking dans un fauteuil club, Bob Harris (Bill Murray) encourage le téléspectateur japonais à siroter le whisky Suntory. Mais les glaçons ont beau s'entrechoquer dans son verre et son jeu se faire toujours plus intense, le surexcité réalisateur nippon de cette publicité n'est jamais satisfait. La scène est une des plus fameuses du génial *Lost in Translation* (Sofia Coppola, 2003), dans lequel Murray incarne un acteur américain dépressif venu cachetonner à Tokyo. La cinéaste l'a imaginée à partir de ses souvenirs d'enfance. En 1980, Sofia a 9 ans quand son père, Francis Ford Coppola, apparaît aux côtés d'Akira Kurosawa dans une réclame pour le whisky Suntory Reserve. Alors qu'ils se serrent la main après avoir trinqué, une voix off indique : « *Il n'y a pas d'amitié plus forte que celle entre ces deux hommes.* » De fait, le caméo de Francis Ford est un service rendu à Kurosawa, qu'il admire éperdument. À l'époque, le réalisateur des *Sept Samouraïs* et de *L'Ange ivre* a un mal fou à trouver de l'argent pour monter ses projets. Géante des alcools et spiritueux au Japon, la société Suntory recourt régulièrement aux services des stars du cinéma occidental pour assurer la promotion de son whisky phare. Sean Connery, Sammy Davis Jr., Quentin Tarantino ou George Clooney se sont prêtés au jeu contre quelques centaines de millions de yens. *Kanpai* !

Tigné

En 1989, Gérard Depardieu achète le château de Tigné (XVe siècle), entouré par les vignes, à mi-chemin d'Angers et de Saumur, au cœur de l'Anjou. Tigné devient vite la seconde maison de son grand ami Jean Carmet, qui y a sa brosse à dents, sa chambre, sa couette et son « *édredon en plume pour l'hiver*[45] ».

Un jour, ils font même le trajet en hélicoptère depuis Paris « *avec, à bord, quelques médicaments de la dernière récolte* ». Carmet aime voir Gérard se promener dans le chai, le bichonner, humer et écouter les bouillonnements du vin. « *Il souffre. Il remonte à la lumière, il arpente le vignoble, teste le grain gonflé qui lui crève dans les doigts. Je le soupçonne de parler aux grappes. Puis, on se retrouve à la cave, la pipette à la main, dans l'allée des barriques.* » Quand Jean meurt en 1994, la mairie de Tigné accepte de donner son nom à la rue passant devant le château. Aujourd'hui, l'acteur des *Valseuses* exporte dans le monde entier son vin multimédaillé, produit dans les trois couleurs et aux cuvées joliment baptisées : L'Insensé (100 % cabernet sauvignon), Terres Chaudes (100 % cabernet franc), L'Insoumis (100 % chardonnay)...

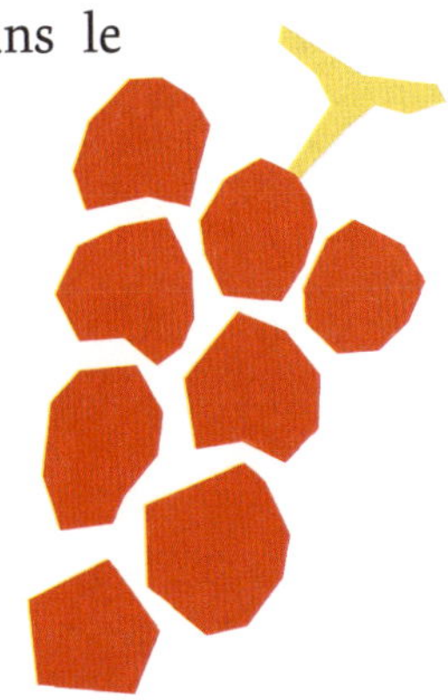

45. Jean Carmet, *Je suis le badaud de moi-même*, Plon, 1999.

Tinchant, Maurice

Le producteur de *Holy Motors* ou *La Belle Noiseuse* a organisé certaines des fêtes les plus mémorables des trente dernières années du Festival de Cannes. Des soirées barbecue au cours desquelles les invités se servaient du punch dans sa baignoire, dans de somptueuses villas saupoudrées de fausse neige ou des hangars désaffectés.

Tire-bouchon

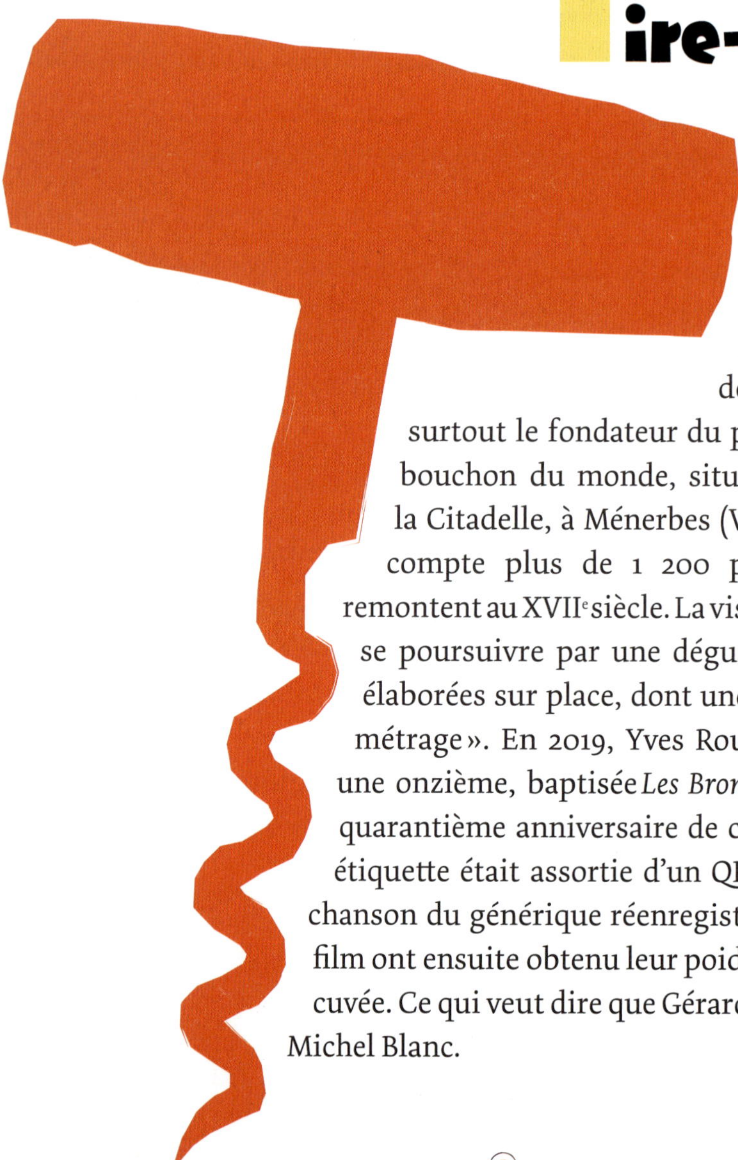

Yves Rousset-Rouard est connu pour être le producteur des films *Emmanuelle* et des deux premiers *Bronzés*. Mais l'oncle de Christian Clavier est surtout le fondateur du premier musée du tire-bouchon du monde, situé dans le Domaine de la Citadelle, à Ménerbes (Vaucluse). Sa collection compte plus de 1 200 pièces, dont certaines remontent au XVIIe siècle. La visite de l'exposition peut se poursuivre par une dégustation des dix cuvées élaborées sur place, dont une qui s'appelle « Court-métrage ». En 2019, Yves Rousset-Rouard en a créé une onzième, baptisée *Les Bronzés font du ski*, pour le quarantième anniversaire de ce classique. Sa contre-étiquette était assortie d'un QR code pour écouter la chanson du générique réenregistrée. Les comédiens du film ont ensuite obtenu leur poids en bouteilles de cette cuvée. Ce qui veut dire que Gérard Jugnot boira plus que Michel Blanc.

Titres

Sans garantir le succès d'un film, verser de l'alcool dans son titre est un moyen habile de faire saliver ses potentiels spectateurs. Florilège.

Tequila Sunrise
(Robert Towne, 1988)

Whisky à gogo
(Alexander Mackendrick, 1949)

35 rhums
(Claire Denis, 2008)

Rhum Express
(Bruce Robinson, 2011)

Le Goût du saké
(Yasujirō Ozu, 1962)

Vodka Lemon
(Hiner Saleem, 2003)

Saint Amour
(Benoît Delépine & Gustave Kervern, 2016)

Le Jour du vin et des roses
(Blake Edwards, 1962)

« Touche pas au grisbi, salope ! »

Joyau des *Tontons flingueurs*, la scène d'ivrognerie la plus célèbre du cinéma français a été tournée le 29 avril 1963 à Rueil-Malmaison (Hauts-de-Seine), dans une cuisine minuscule (12 mètres carrés) avec des placards en Formica et une table en bois. Mieux, elle a failli ne jamais exister. D'abord parce que

la Gaumont ne croyait pas à ce long-métrage, réalisé par un Georges Lautner alors quasi inconnu, et interprété par des acteurs habitués aux seconds rôles. Selon *Le Nouvel Obs*, ils étaient appelés les « *petits cons* » par les dirigeants de la Gaumont. Ensuite, parce que Michel Audiard, son scénariste, trouvait la scène inutile et voulait la retirer. C'est Georges Lautner qui l'a rétablie en hommage au film *Key Largo* (John Huston, 1948), dans lequel on voit des gangsters accoudés à un bar évoquer avec nostalgie le bon temps de la Prohibition américaine.

Le pitch ? Alors que la fille du Mexicain (Jacques Dumesnil) donne une fête dans sa maison, Fernand Naudin (Lino Ventura) se réfugie dans la cuisine pour causer du bon vieux temps des truands avec Raoul Volfoni (Bernard Blier), maître Folace (Francis Blanche), Paul Volfoni (Jean Lefebvre) et Jean, le majordome (Robert Dalban). Tout en beurrant des sandwichs, ils se rabattent sur une bonbonne rebondie dont l'étiquette porte le nom d'un whisky fictif, The Three Kings : « *On se risque sur le bizarre ?* », « *Ah, vous avez ressorti le vitriol !* » L'étiquette a été dessinée par Georges Lautner lui-même.
Nous regrettons de décevoir les fans, mais le flacon ne contient que de l'eau mélangée à du thé. Les convives lui donnent des surnoms affriolants : « *gnole de contrebande* », « *le curieux* », « *du brutal* » qui « *date du Mexicain* ». C'était « *du temps des grandes heures. Seulement, on a dû arrêter la fabrication, y a des clients qui devenaient aveugles, alors ça faisait des histoires* ». Il paraît que, quand Lino Ventura a retrouvé sa femme le soir même, il a eu ces mots : « *On vient de tourner la scène du siècle !* » Soixante ans après, au fil de dizaines de rediffusions télé, elle est carrément cultissime. Faut r'connaître que cette scène, c'est du brutal.

Trac

« L'alcool est important par rapport au trac et par rapport à l'audace. L'alcool est un ennemi qui vous veut du mal, car, dans un premier temps, on n'est plus sur terre, on "*tutoie les anges*", comme disait Blondin. L'alcool n'est donc pas l'idéal, mais c'est un remède. Personnellement, je souffre de plus en plus du trac. Si on prenait mes pulsations juste avant de jouer, on appellerait sans doute le SAMU. [46] **»**

Jacques Villeret

46. Gilles Durieux et Claude Sartirano, *Villeret, du rire aux larmes*, L'Archipel, 2008.

Trintignant, Jean-Louis

Petit-fils et fils de vigneron, le natif de Piolenc (Vaucluse) a mis du temps à perpétuer la tradition familiale, mais, quand il s'y est consacré, il l'a fait sérieusement. Son domaine, Rouge Garance, a été créé en 1996 avec les vignerons Claudie et Bertrand Cortellin. Il se trouve à Saint-Hilaire-d'Ozilhan, à 2 kilomètres du pont du Gard. Son nom rend hommage au personnage d'Arletty dans *Les Enfants du paradis* (Marcel Carné, 1945). Son emblème, un oiseau, a été offert par le dessinateur et cinéaste Enki Bilal, qui l'a dirigé dans *Bunker Palace Hôtel* (1989) et *Tykho Moon* (1997). Le domaine couvre 30 hectares et neuf cuvées sont produites chaque année, assemblages de grenache, carignan, cinsault, viognier, marsanne, roussanne, mourvèdre, syrah ou marselan. Mais le mieux reste encore de laisser la parole à Jean-Louis Trintignant : « *Je m'y suis mis tard, mais je suis content. Je suis même un peu alcoolo ! Le vin, ça m'a aidé à vaincre ma timidité, ça m'a désinhibé dans ma jeunesse. L'ivresse est souvent meilleure que la lucidité. En tout cas, je me sentais davantage moi-même quand j'étais ivre...* [47] »

Trois degrés

« Il y a des choses qui ne se font pas, telles que boire du Dom Pérignon 55 à une température au-dessus de trois degrés. »

James Bond veut bien être sympa, mais il y a des limites. Dans *Goldfinger* (1964), Sean Connery délivre cette remarque pleine de bon sens aux spectateurs et spectatrices. Il faut dire qu'entre l'agent préféré de Sa Majesté et la boisson à bulles, c'est une longue histoire d'amour. Dans les livres de l'écrivain anglais Ian Fleming, dont sont adaptés les longs-métrages, 007 avale de grandes lampées de Taittinger, Veuve Clicquot, Bollinger, Dom Pérignon, Krug ou Pommery.

---

47. Jacques Morice, « Jean-Louis Trintignant : "Je trouve qu'au cinéma on a tendance à surjouer" », *Télérama*, 20 octobre 2012.

Logiquement, le champagne est présent dans tous les films de la franchise, à l'étrange exception des *Diamants sont éternels* (1971). Six marques se sont successivement partagé les faveurs de l'espion britannique. Dans le premier opus, *James Bond 007 contre Dr No* (1962), Connery se voit proposer par No une bouteille de Dom Pérignon 1955 (déjà). Après avoir envisagé de la lui fracasser sur la tête, il se ravise, car il a le sens des priorités. Dans *Bons Baisers de Russie* (1963), Sean sirote du Taittinger avec ses maîtresses. Le film boit à tous les abreuvoirs, puisqu'on aperçoit une publicité pour du champagne Mercier dans un wagon-restaurant. Dans *Opération Tonnerre* (1965), retour au Dom Pérignon, alors que le numéro 2 de l'organisation Spectre privilégie le Veuve Clicquot. Dans *Au service secret de Sa Majesté* (1969) George Lazenby et ses grandes oreilles goûtent, eux, le Moët & Chandon.
Il faut attendre 1973 et l'arrivée de Roger Moore avec *Vivre et laisser mourir* pour que la Maison Bollinger s'installe dans la cave. La raison ? Le producteur Albert « Cubby » Broccoli (EON Productions) devient ami avec Christian Bizot, alors président de Bollinger. Depuis *Moonraker* (1979), la marque n'a pas manqué un épisode de la saga, régalant successivement Moore, Timothy Dalton, Pierce Brosnan et Daniel Craig. Avec une exception notable : *Jamais plus jamais* (1983). Dans l'unique *Bond* non produit par EON Productions, Sean Connery retrouve son Dom Pérignon fétiche. Car, comme l'a dit Roger Moore dans *L'espion qui m'aimait* (1977), « *un homme qui possède du Dom Pérignon cuvée 53 n'est pas complètement mauvais* ».

Trou normand

**« Le calva dissout les graisses,
l'estomac se creuse
et y a plus qu'à continuer. »**

Jean Gabin dans *Le Tatoué* (Denys de La Patellière, 1968)

Truffes (Les)

Dans *Les Truffes* (Bernard Nauer, 1995), Patrick (Jean Reno) et Nathaniel (Christian Charmetant) tentent de raisonner un vigneron bourguignon qui a décidé de détruire son stock de bouteilles pour éviter qu'il ne tombe entre les mains de son banquier. Surpris par leur inculture en matière de vin, il leur fait goûter un Romanée 1959. Séduits, ils descendent sa réserve à grands coups de pommards, de meursaults et de clos-vougeots. Les barriques percées, ils finissent par se baigner dans une cave transformée en piscine de raisin ! Bernard Nauer avait initialement écrit le personnage du vigneron pour son ami Jean Carmet, qui a refusé le rôle pour des questions d'emploi du temps. Jean-Paul Roussillon en a hérité. Carmet est mort dans la nuit précédant la première journée du tournage de cette séquence. C'est Jean Reno qui l'a annoncé à son réalisateur en arrivant sur le plateau. Depuis, Nauer a arrêté le cinéma et a créé un service de vente œnologique en ligne : La Cave des potes.

Tueur d'élite

Nanar pour certains, chef d'œuvre pour d'autres, ce film de Sam Peckinpah divise depuis sa sortie en 1975. On y suit Mike Locken (James Caan), garde du corps gravement blessé qui accomplit sa vengeance en apprenant les arts martiaux. Sur le tournage, Peckinpah entretient de très mauvais rapports avec le scénariste Stirling Silliphant, à qui il demande des choses, disons... bizarres. À la fin d'un combat, il veut ainsi que l'un des personnages tués se relève pour partager une bière avec les survivants. Selon le réalisateur, cela rendrait la scène parfaitement brechtienne… Réponse de Silliphant : « *Ce serait bien de parler, je comprends que vous avez des soucis avec l'alcool.* » Commentaire définitif de James Caan sur Peckinpah : « *On devrait mettre son foie dans un musée. Quand on sera tous morts, ce putain de foie sera toujours en train de filtrer de l'alcool et d'aspirer de la coke.* [48] »

« Un peu de pourriture noble »

« Belle robe vermeille, un peu violette, bel éclat. C'est un bordeaux, un grand bordeaux. Un peu de pourriture noble en suspension, les impuretés descendent lentement. Ce vin a 23 ans, c'est un 53, une très grande année. » Dans *L'Aile ou la Cuisse* (Claude Zidi, 1976), Charles Duchemin (Louis de Funès) participe à l'émission télévisée « Tous les coups sont permis ! » pour relever un défi lancé par son ennemi, l'industriel de l'alimentaire Jacques Tricatel (Julien Guiomar). Duchemin reconnaît brillamment un Château Léoville Las Cases, deuxième grand cru de Saint-Julien, et remporte le jeu. À la sortie du film, le vrai propriétaire du château était mécontent des propos un poil nébuleux tenus sur son vin, mais la notoriété que lui a apportée l'œuvre l'a finalement ravi. Amateur de bonne chère, Louis de Funès était l'heureux possesseur du château de Clermont (Loire-Atlantique), qui est entouré des 17 hectares de vignes de ses voisins. De sa terrasse, Louis pouvait boire des yeux le royaume du muscadet.

48. Ouvrage collectif, *Sam Peckinpah*, Capricci, 2015.

Un singe en hiver

Jean Gabin et Jean-Paul Belmondo au zinc, Michel Audiard qui les ravitaille en dialogues, Henri Verneuil pour immortaliser ça derrière la caméra... En 1962, *Un singe en hiver* rassemble 2 millions de spectateurs dans les salles, alors que le ministre de la Santé avait tenté de l'interdire, l'accusant d'inciter à la consommation d'alcool. C'est un succès modeste pour l'époque, loin derrière les stratosphériques et fort sobres *Le Jour le plus long* (12 millions) et *West Side Story* (8,7 millions) sortis la même année. C'est au fil des décennies et des rediffusions télévisées qu'*Un singe en hiver* acquiert le statut de film culte.

Fatalement, la bibine y est pour beaucoup. Que Gabriel Fouquet (Belmondo) et Albert Quentin (Gabin) insultent des Français moyens depuis le comptoir de leur bistrot normand, chantent « *Nuits de Chine, nuits câlines* », allument un feu d'artifice sur la plage de Tigreville, dansent le flamenco sur la table ou toréent des DS sur la départementale, ils le font ivres de calva ou de Picon bière. Le plus dingue, c'est que le film faillit ne jamais se monter. Au début des années 1960, le trio Jean Gabin-Henri Verneuil-Michel Audiard est sous contrat pour trois longs métrages avec la Metro Goldwyn Mayer France (MGM). Quand Verneuil leur présente le script d'*Un singe en hiver*, la MGM frôle l'apoplexie : hors de question de financer cette pauvre histoire d'ivrognes ! Verneuil change sa bouteille d'épaule et opte pour l'adaptation d'*Au large de l'Éden* de Roger Vercel. Le livre retrace l'une des premières expéditions de la pêche à la morue. Un morutier est réservé à Saint-Malo, mais Gabin refuse d'y monter, gêné par les odeurs de gazole et de poisson. Retour à la case départ. Si aucun projet n'aboutit dans les prochaines semaines, la MGM devra payer un dédit à Gabin. Malin, Verneuil insiste avec *Un singe en hiver*. N'ayant rien d'autre sous la main, le studio donne son feu vert, à contrecœur.

Sur le tournage, Gabin s'amuse à ivrogner Belmondo, qui ne demande que ça. Un soir, après un bon gueuleton et beaucoup de vin blanc, il met au défi son cadet, leur producteur Jacques Bar (!) et Costa-Gavras (second assistant) de se livrer à une course à vélo. Bébel et Costa-Gavras vomissent leurs moules gratinées sous l'œil hilare de Gabin : « *Eh ben, pour des sportifs...* » Tous les matins, « le Vieux » arrive en prévenant Jean-Paul : « *J'ai mal au burlingue, môme, alors ce soir ce sera jambon-salade.* » Passé 20 heures, il se ravise : « *On va se prendre un petit whisky quand même.* » « *Et hop ! Tous à table ! Pendant deux mois tous les soirs, on s'est arsouillés. Et chaque matin, il me refaisait le coup du jambon-salade. Quelle rigolade !* [49] »

Leur complicité est une bénédiction. Surtout pour les séquences d'ivresse : Gabin les redoutait, car il n'en avait jamais joué durant sa très longue carrière. Pendant la scène de « *Nuits de Chine, nuits câlines* », Jean est pris de fous rires à répétition quand Belmondo chante aussi faux que fort.

Quand il ne ripaille pas avec son partenaire, Gabin retrouve son ami, le scénariste André-Georges Brunelin, dans un restaurant de Trouville. Au programme : plateau de fruits de mer et raie au beurre noir arrosés de sancerre blanc, et baba au rhum pour le dessert. Auteur du livre adapté à l'écran, Antoine Blondin partage également leur table. Belmondo le connaît bien pour l'avoir fréquenté quelques années au Bar-Bac à Saint-Germain-des-Prés. Ivre, l'écrivain avait l'habitude de chercher la bagarre auprès des clients les plus costauds de l'établissement. Quelques semaines avant sa mort, en 1991, Blondin croisera Bébel : « *Alors, Antoine, ça va ? Tu ne bois plus ? – Non, mais il faut qu'on aille arroser ça.* »

---

49. Gilles Durieux, *Belmondo*, Cherche Midi, 2009.

Albert Quentin (Jean Gabin) à Paul Frankeur (Lucien Esnault) :

– Ah, parce que tu mélanges tout ça, toi ! Mon Espagnol, comme tu dis, et le père Bardasse. Les Grands Ducs et les boit-sans-soif.

– Les Grands Ducs ?!

– Oui monsieur, les Princes de la cuite, les Seigneurs, ceux avec qui tu buvais le coup dans le temps et qu'ont toujours fait verre à part. Dis-toi bien que tes clients et toi, ils vous laissent à vos putasseries, les Seigneurs. Ils sont à cent mille verres de vous. Eux, ils tutoient les anges !

– Excuse-moi, mais nous autres, on est encore capable de tenir le litre sans se prendre pour Dieu le Père.

– Mais c'est bien ce que je vous reproche. Vous avez le vin petit et la cuite mesquine. Dans le fond vous méritez pas de boire. Tu t'demandes pourquoi y picole l'Espagnol ? C'est pour essayer d'oublier les pignoufs comme vous.

Vélo de Ghislain Lambert (Le)

Dans ce film de 2001 signé Philippe Harel, Benoît Poelvoorde interprète un coureur cycliste belge né le même jour qu'Eddy Merckx. Sur le tournage, il sympathise avec ses partenaires Sacha Bourdo et José Garcia. D'origine russe, Bourdo leur fait découvrir Chez Dominique, le restaurant russe du VIe arrondissement de Paris, où ils descendent régulièrement des vodkas. Un soir qu'ils « *secouaient le singe* » (dixit Garcia), ils se font expulser par la patronne et son bonnet en papier sur la tête. Taquin, José lui avait commandé « *deux whoppers et un cheese* ».

Vertige

Gravissant les escaliers d'une mission catholique espagnole à la poursuite de Madeleine Elster (Kim Novak), John Ferguson (James Stewart) est pris de terribles vertiges qui l'empêchent de rattraper la jeune femme. Quelques secondes après, elle se suicide en se jetant du toit du bâtiment. Cette célébrissime scène est extraite de *Sueurs froides* (titre original *Vertigo*, 1958), chef-d'œuvre d'Alfred Hitchcock. Prouesses techniques, les visions « vertigineuses » de Stewart sont entrées dans l'histoire du cinéma. Comme l'avouera le réalisateur à François Truffaut dans le livre *Le Cinéma selon Alfred Hitchcock* (Robert Laffont, 1966), ce moment d'anthologie a sa propre expérience éthylique. Quelques années avant de tourner son film, Sir Alfred avait pris une cuite monumentale lors d'un bal donné au Royal Albert Hall, salle de spectacle londonienne. Il avait eu le sentiment « *que tout s'éloignait* » de lui. Pour *Sueurs froides*, il est obsédé par l'idée de recréer la sensation éprouvée ce soir-là. Il invente donc un mouvement de caméra, surnommé ensuite « l'effet Vertigo », qui combine travelling arrière et zoom avant. Si vous êtes saisi de vertiges en visionnant le film, ne vous resservez surtout pas un verre.

Very Bad Trip

Le Jägermeister, liqueur allemande à base d'anis, de cardamome et de gingembre – dont la recette intégrale est tenue secrète – est devenu très populaire avec l'immense succès (469 millions de dollars de recettes dans le monde) de *Very Bad Trip* (Todd Phillips, 2009).

Tout au début du film, ses quatre héros en boivent des shooters sur le toit du Caesars Palace Hotel de Las Vegas. Le lendemain matin, ils se réveillent sans aucun souvenir de leur soirée…

Vignes du seigneur (Les)

Dans ce film de Jean Boyer sorti en 1958, Fernandel incarne Henri Levrier, un alcoolique repenti. De retour d'un long voyage, il confie à Gisèle (Simone Valère) la concubine de son meilleur ami, le comte Hubert Martin de Kardec (Pierre Dux), qu'il s'était mis à boire parce qu'elle ignorait l'amour qu'il avait pour elle. Cette révélation la bouleverse et elle devient la maîtresse d'Henri. Un soir où il est à nouveau ivre, ce dernier confesse son secret à Hubert… Faire jouer un alcoolique à Fernandel, voilà qui a du sens. N'est-il pas l'auteur de cet inoubliable aphorisme : « *Le pastis, c'est comme les seins. Un, c'est pas assez, et trois, c'est trop* » ?

Vikings

Héros des *Vikings* (Richard Fleischer, 1958), Einar (Kirk Douglas) et Erik (Tony Curtis) y campent les fils rivaux du roi Ragnar Lodbrok (Ernest Borgnine). Le film culmine dans une scène de banquet pendant lequel les vikings éclusent des hectolitres de bière dans des cornes de vache. Kirk Douglas en boit une cul sec avant de lancer des haches sur le visage d'une demoiselle attachée par ses nattes à une cible. Une autre époque.

Vinaigre

Dans *Le Dîner de cons* (Francis Veber, 1998), Lucien Cheval (Daniel Prévost) est convié à manger dans l'appartement bourgeois de Pierre Brochant (Thierry Lhermitte). Problème, Cheval est un inspecteur des impôts des plus coriaces et son hôte n'a rien d'autre à lui offrir qu'un Château Lafite Rothschild 1978, vin actuellement coté à 600 euros la bouteille. Thierry Lhermitte file donc à la cuisine pour ajouter du vinaigre dans le flacon – « *Et voilà : le gros Lafite qui tache !* » – ce qui le rend proprement imbuvable. Sachez cependant que, versé en petite quantité, l'acide acétique du vinaigre peut, au contraire, rehausser la complexité aromatique d'un vin, quelle que soit sa couleur, même rouge ou rosé. Ce n'est donc pas juste le blanc.

Vingt minutes

Une étude réalisée par l'école Montpellier SupAgro montre que sur une cinquantaine de films à succès français sortis entre 1970 et 2014, 92 % contiennent au moins une scène avec du vin. En moyenne, un verre ou une bouteille du divin breuvage apparaît toutes les vingt minutes ! Le record revient à *La Môme* (Olivier Dahan, 2007). Dans ce biopic d'Édith Piaf, interprétée par Marion Cotillard, on relève 23 scènes où le vin est présent. C'est vraiment la vie en ros(é).

Whisky

« Un p'tit whisky encore ?
– Un p'tit whisky. »

Jean-Paul Belmondo à Annie Girardot dans *Un homme qui me plaît* (Claude Lelouch, 1969)

« Jamais de glace dans le whisky, ça bouffe trop de place. »

Groucho Marx dans *Chercheurs d'or* (Edward Buzzell, 1940)

« Le whisky ! Rien n'est plus rude à avaler… Dans les pays civilisés, on boit du vin ! »

Charlie Chaplin dans *Un roi à New York* (Charlie Chaplin, 1957)

X

Succès surprise de 2012, *Projet X* (Nima Nourizadeh) relate une fête étudiante organisée dans une maison de Pasadena (Californie) et qui se transforme en un énorme déluge alcoolisé. Le film est produit par Todd Phillips, réalisateur de la saga *Very Bad Trip*. Un garçon qui maîtrise donc très bien son sujet.

Y a-t-il un flic pour sauver le président ?

Dans ce film de David Zucker sorti en 1991, l'inénarrable flic gaffeur Frank Drebin (Leslie Nielsen) s'attable dans un bar de Washington appelé The Blue Note. L'établissement a la particularité de n'être fréquenté que par des hommes dépressifs. Venu y pleurer sa rupture avec Jane Spencer (Priscilla Presley), Frank y commande « *quelque chose de costaud* » et le serveur lui amène… un culturiste.

Zombie Club Special Cocktail

Du même auteur

Sales types ! – Ces affreux qui ont changé la face du monde, JC Lattès, 2022

Ivresses – Ces moments où l'alcool changea la face du monde, JC Lattès, 2020

Son altesse sérénissime Gérard de Villiers, Plon, 2018

Adresses

Domaines

CANADEL p. 32
(George Clooney)
994 chemin du Canadeau
83330 Le Plan du Castellet
www.chateau-canadel.fr
04 94 98 40 10

CHAMPAGNE TELMONT p. 54
(Leonardo DiCaprio)
1 avenue Champagne
51480 Damery
www.champagne-telmont.com
03 26 58 40 33

CHÂTEAU DE MIRAVAL p. 94
(Brad Pitt)
Miraval
83570 Correns
www.miraval.com
04 90 11 12 00

CHÂTEAU DE TIGNÉ p. 137
(Gérard Depardieu)
1 rue Jean Carmet
49540 Tigné
www.chateaudetigne.com
02 41 59 68 59

p. 90 **CHATEAU MARGÜI**
(George Lucas)
444 Route de Barjols
83670 Chateauvert
www.chateaumargui.com
09 77 90 23 18

p. 93 **DOMAINE BARDI D'ALQUIER**
(Luc Besson)
2 rue du Vieux Château
34600 Faugères
www.bardi-alquier.fr
04 67 23 07 89 / 06 09 35 57 19

p. 82 **DOMAINE DE LEOS**
(Patrick Bruel)
1984 route d'Apt
84800 L'Isle-sur-la-Sorgue
www.domainedeleos.com

p. 122 **DOMAINE DE L'ÉVÊQUE**
(Pierre Richard)
Domaine de l'Évêque
11430 Gruissan
www.vinspierrerichard.com
04 68 75 00 48

p. 52 **DOMAINE MIRMANDA**
(François-Xavier Demaison)
Mas d'en Marc
3 route de Casefabre
66130 Saint-Michel de Llotes
www.mirmanda.fr
06 28 05 81 29

DOMAINE ROUGE GARANCE p. 142
(Jean-Louis Trintignant)
6 chemin de Massacan
30210 Saint-Hilaire-d'Ozilhan
www.rougegarance.com
04 66 01 66 45 / 06 14 41 52 88

MAS DES INFERMIÈRES p. 91
(Ridley Scott)
1575 route du Four Neuf
84580 Oppède
www.masdesinfermieres.com
04 90 75 66 16

Cafés Restaurants

AUBERGE PYRÉNÉES CÉVENNES p. 28
(OSS 117 : Le Caire, nid d'espion)
106 rue de la Folie-Méricourt
75011 Paris
www.auberge-pyrenees-cevennes.fr
01 43 57 33 78

BISTROT LA RENAISSANCE p. 29
(Inglourious Basterds)
112 rue Championnet
75018 Paris
www.bistrotlarenaissance.fr
01 46 06 01 76

p. 27 **CABARET NORMAND**
(Un singe en hiver)
2 rue Daubigny
14113 Villerville

p. 29 **CAFÉ DES DEUX MOULINS**
(Le Fabuleux Destin d'Amélie Poulain)
15 rue Lepic
75018 Paris
www.cafedesdeuxmoulins.fr
01 42 54 90 50

p. 83 **CAFÉ LUMIÈRE**
20 rue du Premier-Film
69008 Lyon
www.cafe-lumiere.com
04 78 77 47 61

p. 49 **GLOU**
(Marion Cotillard)
101 rue Vieille-du-Temple
75003 Paris
www.glou-resto.com
01 42 74 44 32

p. 49 **JAJA**
(Marion Cotillard)
3 rue Sainte-Croix de la Bretonnerie
75004 Paris
www.jaja-resto.com
01 42 74 71 52

p. 28 **URANUS - ex Le Café du Progrès**
(Uranus)
28 place François Seguin
63350 Maringues
04 73 68 68 24

Imprimé par
l'Imprimerie de Champagne
à Langres (52)

Dépôt légal octobre 2023